개정판

영미문학의 길잡이

윤희수 지음

PUKYONG NATIONAL UNIVERSITY PRESS
부경대학교 출판부

영미문학의 길잡이(개정판)

2013년 2월 28일 개정판 1쇄 발행
2016년 3월 21일 개정판 2쇄 발행

저　자 | 윤 희 수
발행인 | 김 영 섭
발행처 | 부경대학교 출판부
주　소 | 부산광역시 남구 대연3동 599-1
전　화 | (051) 629-6914
F A X | (051) 629-6917
E-Mail | upress@pknu.ac.kr

값 14,000원

ISBN 978-89-91131-80-4 93840

책머리에

이 책은 대부분의 영어영문학과에 개설된 영미문학개론이나 영미문학입문 등의 전공 기초과목을 수강하는 대학생들을 대상으로 쓰여졌습니다. 영미문학개론은 영미문학의 이해와 감상을 위한 기초적인 지식을 습득하는 데 그 주된 목적이 있는 과목입니다. 영미문학에 대한 사전 지식이 거의 없다시피 한 학생들에게 시, 소설, 희곡의 기본 구성 요소를 설명하고 적절한 예가 되는 작품들을 통해 그 요소들을 구체적으로 이해하도록 도움을 주기 위해서는 학생들의 읽기 수준을 고려한 작품들을 수록하고 분량도 적절한 책을 선정해야 합니다. 그러나 한 학기 동안의 강의를 진행하기에 알맞은 교재를 찾기가 무척 까다로운 과목이 바로 영미문학개론이기도 합니다.

물론 가장 손쉬운 방법은 영미권의 대학에서 널리 사용되는 *The Norton Introduction to Literature* 같은 원서를 강의실에서 사용하는 것이겠지만, 지나치게 방대한 분량 때문에 한 학기용 교재로는 교수나 학생들 모두 감당하기 힘든 것이 사실입니다. 이 원서에 수록된 작품들을 보더라도 학생들의 읽기 능력에 비해 지나치게 어려울뿐더러, 책의 부피가 압도적이다 보니 막상 수업에서 다룰 수 있는 내용은 부분적으로 제한되게 마련이어서 경제적인 측면에서도 결코 좋은 선택이라고 할 수 없습니다. 영미문학의 세계에 간신히 발을 들여놓은 학생들이 영원히 등을 돌리도록 해서도 안될 것입니다.

이 책은 영미문학을 세 개의 장르로 구분하여 각각의 장르를 이해하는 데 필요한 용어들을 설명하고, 적절한 작품들을 예로 들어 작품에 대한 학생들의 이해와 분석 능력을 높이려는 목적으로 쓰여졌습니다. 한 학기 동안 진행될 영미문학개론의 기본 교재로서, 시험 기간을 제외한 13주간의 강의 일정에 맞춘 매우 현실적인 분량의 안내서가 될 수 있으리라는 것이 저자의 생각입니다. 또한 이 책은 대학원에서 영미문학을 전공하려는 학생들이 그 기초적인 지식을 익히는 데에도 도움이 될 것입니다.

저자가 여러 해 동안 영미문학개론을 가르치면서 사용해온 강의용 자료가 이 책 구성의 토대가 되었습니다. 영시 부분은 주로 Laurence Perrine의 *Sound and Sense: An Introduction to Poetry*에 크게 의존하였으며, 영미소설과 희곡은 각각 *Understanding Fiction* 과 *Understanding Drama*를 참고하였습니다. 영문학을 공부하는 외국인들을 위한 R. J. Rees의 *English Literature: An Introduction for Foreign Readers*도 적잖이 도움이 되었습니다. 하나하나 그 출처를 다 기억할 수는 없지만 강의를 준비하면서 읽었던 이런저런 참고자료들과, 작품을 읽으면서 떠올랐던 저자의 생각들이 이 책의 바탕에 깔려있습니다.

『영미문학의 길잡이』는 앞으로 계속 수정되고 진화될 것입니다. 강의실에서 학생들의 반응과 상호작용의 결과에 따라 기존의 작품을 배제하고 새로운 작품들을 덧붙여나갈 것입니다. 그 진화의 첫 결과로서 개정판을 출간합니다. 각각 시, 소설, 희곡을 다루는 장 끝에 꼭 읽어두어야 할, 그리고 더 읽어두면 좋을 작품들을 추가하였습니다. 특히 시 작품들에 덧붙인 문제들은 작품 이해와 감상을 위한 길잡이가 되어 줄 것입니다. 부디 영미문학을 처음 공부하는 독자들에게 작으나마 도움이 되기를 바랄 뿐입니다.

2013년 1월

저자 윤희수

목차

제1장
영미문학을 공부하는 목적과 방법

1. 영미문학의 범위

폭 넓게 보면 영어권 문학(영국과 미국 이외에 Canada, Australia, New Zealand 등)을 포괄할 수 있지만, 이 책에서는 "영미문학"의 범위를 대체적으로 영국과 미국의 문학(British and American Literature)으로 한정합니다. 제한된 지면을 통해 영국 문학과 미국 문학을 두루 섭렵하는 것은 불가능하며, 필자의 능력을 벗어나기도 한 작업이기 때문입니다. 물론 영국 문학을 고대, 중세, 르네상스(셰익스피어), 17세기, 신고전주의(neo-classicism), 낭만주의, 19세기, 20세기로 구분하여 그 흐름을 개관할 수 있으며, 미국 문학을 청교도 문학, 혁명기 문학, 낭만주의, 사실주의, 자연주의, 모더니즘 등으로 구분하여 주요 작가들을 알아보는 것도 나름대로 가치 있는 작업이 될 것입니다. 그러나 보다 중요한 일은 문학 작품을 읽고 해석하며 감상하는 방법을 익히는 것으로서, 이 책은 그 길잡이의 역할을 맡게 될 것입니다. 이 책과 이를 토대로 이루어지는 15주 동안의 강의를 통해 여러분이 방대한 영미문학의 세계에 한 걸음 들어설 수 있기를 기대해 봅니다.

2. 문학이란 무엇인가?

"literature"라는 말은 광범위하게 모든 문헌(anything written)을 의미할 수 있습니다. 이 경우 이 말 속에는 "가전제품의 사용설명서"나 "노트북 컴퓨터의 가격 및 성능 비교표" 등이 포함될 수 있습니다. 그러나 우리가 다룰 "literature"는 위와 같이 실용성을 목적으로 쓰여진 종류의 문헌이 아니라 읽는 사람의 흥미를 끌고(to hold interest) 즐거움을 선사하는(to provide pleasure) 종류의 글을 지칭합니다.

사실 실용성만을 강조하는 세태에서 비실용적인 문학작품, 그것도 머리 아프게 영어로 된 작품들을 읽고 연구하는 일은 한심스럽고 순진하게 비쳐질 수도 있습니다. 하지만 이렇게 긍정적으로 생각해볼 수도 있을 것입니다. "이러한 기회가 아니라면 언제 내가 영문학 작품들을 접해볼 수 있을 것인가?"라고 말입니다. 꽤 오래 전에 루이스 블랙(Lewis Black)이라는 미국의 유명한 희극배우가 모교인 노스 캐롤라이나 대학(채플 힐 소재)을 방문하여 후배들에게 이렇게 말하는 것을 직접 들은 적이 있습니다.

> Take advantage of college. It is the last true chance for a young person to escape from reality.

"대학시절을 활용하라. 대학시절이야말로 젊은이가 현실로부터 벗어날 수 있는 최후의 진정한 기회이다"라는 그의 말은 실용성, 효율성과 정글의 법칙이 지배하는 현실사회로 나아가기 전에 대학생활을 만끽하라는 좋은 취지를 담고 있지만, 대학입시보다 더욱 살벌한 취업경쟁에 시달리는 우리나라 대학생들에게는 비현실적으로 들릴 수 있을 것입니다. 게다가 토익 점수가 서류전형 통과여부를 결정하는 취업의 현실에서 비실용적으로 보이는 외국문학 작품을 읽는다는 것은 어지간한 용기나 객기가 없이는 불가능한 일일지도 모릅니다.

그렇지만 문학이 반드시 비실용적이라고 단정할 필요는 없습니다. 특히 영어를 외국어로 공부하는 우리에게 좋은 영문학 작품은 훌륭한 영어 표현을 배울 수 있는 귀중한 기회를 마련해주기도 합니다. Gillian Lazar라는 영어교육학자가 문학작품이 영어교육에서 활용될 수 있는 가능성과 효용성을 다음과 같이 언급한 적이 있습니다.

> Literary texts are a rich source of classroom activities that can prove very motivating for learners. Literary texts encompass every human dilemma, conflict, and yearning. They elicit strong emotional reactions from the learners. Unravelling the plot of a novel or decoding the dialogue of a play is more than a mechanical exercise—it demands a personal response from learners and encourages them to draw on their own experience. By doing so, learners become more personally invested in the process of language learning and can begin to own the language

they learn more fully.

문학 텍스트는 학습자에게 강한 동기를 불러일으킬 수 있는 교실 활동의 풍요로운 원천이다. 문학 텍스트는 인간의 모든 난관과 갈등, 그리고 열망을 담고 있어, 학습자로부터 강한 정서적 반응을 이끌어낸다. 한 편의 소설의 플롯이나 한 편의 희곡의 대사를 풀어헤치는 일은 기계적인 활동 그 이상의 것으로서, 학습자에게 개인적인 반응을 요구하며 자신의 경험을 활용하도록 부추긴다. 그렇게 함으로써 학습자는 언어 학습 과정에 더욱 개인적으로 몰입하게 되고 자신이 배우는 언어를 보다 충실하게 자기 것으로 만들기 시작할 수 있는 것이다.

토플이나 토익 문제에 나오는, 정보만을 담은 무미건조한 산문들보다 읽은 사람의 감정을 움직일 수 있는 문학 작품들을 통하여 학습자가 영어를 보다 충실하게 배울 수 있는 것은 사실입니다. 따라서 영문학 작품을 읽은 일은 우리와 같이 영어를 외국어로 학습하는 사람들에게는 결코 비실용적인 경험이라고 말할 수는 없습니다.

3. 문학은 무엇을 할 수 있는가

문학 작품은 우리에게 다음과 같은 경험을 제공합니다.

A. It gives us a special awareness of what we already know.

B. It tells us what we do not already know.

C. It moves our feelings.

D. It gives us pleasure.

E. It puts us in another world.

F. It uses language in especially powerful ways.

문학은 지금까지 알지 못하던 세계를 경험하게 만드는 기능을 가지고 있습니다. 특히 외국 문학 작품을 읽는 일은 우리가 여태껏 몰랐던 새로운 세계에 눈 뜰 수 있는 계기를 마련하여 주는 것이 사실입니다. 하지만 문학은 우리가 이미 알고 있는 것을 색다른 방식을 통해 이야기 해줌으로써 우리에게 감동과 즐거움을 줄 수 있습니다. 이처럼 일상적이지 않은 독특한 표현 방식이 문학의 특질 또는 문학성이며 이 책에서 집중적으로 다루어질 것도 바로 문학이 경험을 전달하는 방식을 살펴보는 일입니다.

한 가지 예로서 19세기 영국의 계관 시인 Alfred Lord Tennyson (1809-1892)의 시 "The Eagle"을 간략하게 살펴보기로 합니다.

The Eagle

He clasps the crag with crooked hands;
Close to the sun in lonely lands,
Ringed with the azure world, he stands.

The wrinkled sea beneath him crawls;
He watches from his mountain walls,
And like a thunderbolt he falls.

사실 우리가 독수리에 대하여 알아보려면 조류도감을 뒤져 보거나 National Geographic에서 만든 documentary film을 감상할 수 있을 것입니다. 하지만 이 시는 이와는 다른 독특한 방식으로 독수리의 모습을 우리에게 보여줍니다. 높은 산 위에서 굽은 갈퀴로 바위를 움켜잡은 채 창공에 에워 싸여 아래를 내려다 보는 독수리의 위풍당당한 모습과, 이에 질린 듯 광활한 바다조차 주름투성이의 늙은이("wrinkled sea")－의인법(personification)이 활용되었습니다－처럼 굽실거리며 기어가는 모습을 대조합니다. 이어서 시인은 무언가를 발견한 듯 "전광석화처럼"－직유(simile)입니다－하강하는 독수리의 움직임을 보여줍니다. "like the thunderbolt" 다음에 쉼표가 없는 것은 바로 이 신속함을 전달하려는 의도 때문입니다.

첫 행(line)에서 가지런히 배열된 "clasps," "crag," "crooked"의 첫 자음들이 만들어내는 두운(alliteration)은 마치 독수리가 내는 소리를 연상케 합니다. 첫 연(stanza) 각 행의 마지막 어휘들 "hands," "lands," "stands"와 제2연의 "crawls," "walls," "falls"은 중간음들이 각운을 이루면서 시 전체에 단정함을 부여합니다. 이처럼 이 시는 조류도감이나 필름과는 다른 방식으로 독수리에 대한 정보를 우리에게 제공하는데, 이 색다른 방식을 만들어내는 것이 바로 문학의 기본 요소들인 것입니다.

한 가지 예를 더 살펴보겠습니다. 다음은 Alfed Tennyson과 동시대의 영국 시인 Robert Browning(1812-1889)의 시 "Meeting at Night"입니다.

Meeting at Night

The gray sea and the long black land;
And the yellow half-moon large and low;
And the startled little waves that leap
In fiery ringlets from their sleep,
As I gain the cove with the pushing prow,
And quench its speed in the slushy sand.

Then a mile of warm sea-scented beach;
Three fields to cross till a farm appears;
A tap at the pane, the quick sharp scratch
And blue spurt of a lighted match,
And a voice less loud, through its joys and fears,
Than the two hearts beating each to each!

이 시는 한 젊은이가 "노란 반달"이 낮게 떠 있는 "회색 바다"를 "돌진하는 뱃머리"를 몰아 건너고, "세 개의 들판"을 가로질러 연인을 만나러 가는 과정과 그 만남의 감회를 보여줍니다. 연인이 사는 집에 다다른 젊은이가 한 차례 창문을 두드리자 곧바로 집안에서 성냥이 켜집니다. 마지막 두 행은 감격스러운 이 만남의 현장을 "그 기쁨과 두려움으로 서로를 향해 고동치는 두 심장보다 낮은 목소리"로 간명하게 표현합니다.

기본적으로 이 시는 가슴 설레는 사랑이 그 주제입니다. 하지만 시인은 사랑이라는 추상적 어휘를 단 한차례도 사용하지 않으면서도, 구체적인 이미지를 통하여 이 사랑의 경험을 우리에게 전달합니다. 앞에서 살펴본 마지막 두 행뿐만 아니라 "자다 말고 놀라 불고리 도양으로 펄쩍 뛰어오르는 작은 물결," "질척거리는 모래," "따스한 바다 내음의 해변" 등의 다채로운 이미지들을 통하여 이 밀회에코의 과정이 생생하게 우리에게 전달되는 것입니다. 이처럼 문학은 색다른 방식으로 인간 경험을 우리에게 전달합니다. 우리가 공들여 살펴보려는 것도 바로 이러한 문학의 고유한 전달 방식인 것입니다.

4. 무엇을 읽을 것인가

많은 사람들이 입을 모아 고전 읽기의 중요성을 강조합니다. 오랜 시간을 거쳐 좋은 평가를 받아온 주옥 같은 명작 즉 canon을 읽어야 한다는 주장을 펼칩니다. 흔히 정전(正典)으로 번역되는 canon은 "가장 널리 인정되고 존중 받아온 작품 목록"으로서 서양 문학 작품에서 고전으로 취급되는 단테(Dante)의 『신곡』(*Divine Comedy*), 『햄릿』(*Hamlet*)을 포함한 셰익스피어의 극작품, 밀튼(John Milton)의 『실락원』(*Paradise Lost*) 등을 망라합니다. 그렇지만 누구나 이러한 정전 읽기에 찬성하는 것은 아닙니다. 그 이유들 가운데에는 정전으로 대접받아온 작품들이 지나치게 백인 남성 작가들의 저작들로 구성되어 있어서, 그러한 작품들을 읽는 일에 주력할 경우 독자의 세계관이 차츰 남성중심적, 서양중심적 또는 제국주의적 사고로 바뀌어갈 가능성이 있다는 주장도 있습니다.

정전을 둘러싼 대립되는 견해를 간추리면 다음과 같습니다. 정전 옹호론자들은 19세기 영국의 시인이며 비평가였던 아놀드(Matthew Arnold)가 말했듯이 "이 세상에서 알려지고 생각된 것들 가운데 최상의 작품" (the best that is known and thought in the world)들을 골라 읽음으로써 더 나은 독자가 될 수 있다고 주장합니다. 반면에 정전 비판론자들은 문학 교육의 목표, 즉 독자들의 경험의 폭을 넓히고 마음을 열기 위해서는 기존의 정전을 폐기하거나 최소한 확대하여야 한다고 제안합니다. 전통적인 정전만을 고집할 경우 나름대로 가치 있는 읽을 거리들을 외면하게 되고, 그 결과 세상을 바라보는 다채로운 시각들을 놓쳐버릴 수 있다는 것입니다.

두 가지 주장 모두 귀담아 들을 필요가 있기는 하지만, 너무 한쪽으로만 기울어지기 보다는 양자 사이의 균형을 잡으려는 노력이 필요할 듯 합니다. 오랜 시간을 거쳐 고전으로 자리매김 되어온 작품들을 외면하지 않으면서, 동시에 새로운 시각과 경험을 담은 작품들에도 귀 기울이는 중도적 입장을 취하는 것이 합리적일 것입니다. 이 책의 소설 부분에서 다루어질 작품들 가운데 James Joyce의 "Araby"나 William Faulkner의 "A Rose for Emily"가 전통적인 정전의 범주에 드는 것이라면 Jamaica Kincaid의 "Girl"이나 Amy Tan의 "Two Kinds"는 새로운, 또는 확대된 정전의 영역에 포함될 수 있는 작품이 될 것입니다.

5. 어떻게 읽을 것인가

문학 작품을 읽으면서 재미를 경험하는 것도 물론 중요하지만, 일단 작품 읽기가 공부의 대상인 이상 작품으로부터 무엇인가 의미를 찾아내는 것이 필요합니다. 이처럼 작품의 의미를 탐색하는 일(the exploration of significance)이 해석(interpretation)인 것입니다.

해석은 우선 독자에게 자세한 작품 읽기(close reading)를 요구합니다. 전자제품을 제대로 사용하려면 사용설명서를 꼼꼼히 읽어야 하듯이, 인간의 경험을 다루는 문학 작품을 이해하려면 독자들의 면밀한 독서가 필요합니다. 다음은 우리가 작품을 읽을 때 유념하여야 할 사항들입니다.

> Among other things, close reading requires that you
>
> (1) Take the text seriously enough to study it: to read and reread it.
>
> (2) Search for details that might otherwise go unobserved.
>
> (2) Examine the text for special words and terms—and refer to the dictionary to be sure of their meaning when necessary.
>
> (4) Look for symbolic uses of language that might not be evident from a quick reading.
>
> (5) Ask why certain patterns of behavior or patterns of words repeat themselves: What does their repetition signify?

우선 여러 번 반복해서 읽는 것이 중요합니다. 이 과정에서 처음 읽을 때 보지 못하고 지나친 세목들(details)을 발견할 수 있습니다. 작품 속에서 마주치는 낯선 어휘와 표현들을 이해하기 위하여 사전의 사용은 필수적입니다. 물론 사전적인 의미와는 다른 상징적 의미를 발견하는 것－문학적 훈련을 요구하는 부분입니다－도 중요합니다. 문학 작품에서는 일상적 언어 행위와는 달리 반복되는 표현들이 있으므로 이에 주의를 기울일 필요가 있습니다. 반복되는 표현과 행동들은 대체로 작품의 주제와 관련이 있는 중요한 역할을 하기 때문입니다.

지금까지 문학에 대한 전반적인 사항들을 간략히 알아보았습니다. 다음 장부터는 시, 소설, 희곡의 순서로 각 장르의 기본 요소들을 구체적인 작품들을 예로 들어 상세히 알아보도록 하겠습니다.

제2장

영시의 기본 요소 1

외연, 내포, 이미지

이 장에서는 영시의 기본 요소들(elements of poetry) 가운데 외연(denotation)과 내포(connotation), 이미지(imagery)에 대하여 공부합니다.

1. 외연과 내포

보통 단어는 소리(sound), 외연, 내포의 세 부분으로 이루어져 있습니다. 이 가운데 외연이란 단어가 가지고 있는 사전적 의미(dictionary meaning or meanings)를 가리킵니다. 반면에 내포는 사전적 의미 너머에 있는 암시적 의미(what a word suggests beyond what it expresses)를 뜻합니다.

"spring"을 예로 들어보겠습니다. 이 말의 사전적 의미는 다음과 같습니다.

(1) a pounce or leap (튀어 오르기)

(2) a season of the year (봄)

(3) a natural source of water (샘물)

(4) a coiled elastic wire (용수철)

영국의 여성 시인 Edith Sitwell(1887-1964)이 "This is the time of the wild spring and the mating of the tigers"라고 표현했을 때 "spring"은 "봄"이라는 외연과 "펄쩍 뛰어오름"이라는 또 하나의 외연을 지니게 되며, 이 두 가지 외연적 의미와 사나움(fierceness)과 야성(wildness)을 내포하는 "tigers"가 어우러져 봄의 활력을 나타내게 되는 것입니다. 이처럼 시인들은 어휘가 지닌 외연적 의미와 내포적 의미를 효과적으로 활용하려 듭니다.

외연과 달리 내포는 사전에 수록되어 있지 않지만 그 말이 암시하는 의미를 가리킵니다. "home"을 예로 살펴보겠습니다. "home"의 사전적 의미, 즉 외연적 의미는 "a place where one lives"입니다. 그러나 이 단어는 사전에는 나와 있지 않은 의미들을 내포할 수 있습니다. 즉 "security," "love and care," "comfort," "family" 등을 암시하고 있는 것입니다.

19세기 미국의 여성 시인 Emily Dickinson(1830-1886)의 시 "There is no frigate like a book"−그녀의 시는 대부분 첫 행을 제목으로 삼습니다−을 예로 들어 내포에 대하여 보다 자세히 알아보겠습니다.

There is no frigate like a book

To take us lands away,
Nor any coursers like a page
Of prancing poetry.
This traverse may the poorest take
Without oppress of toll;
How frugal is the chariot
That bears a human soul!

이 시는 우리를 좁은 현실 세계로부터 벗어나 미지의 상상 세계로 데려다 주는 책, 또는 시의 힘을 말해주고 있습니다. 그리고 책의 역할은 세 가지의 교통 수단에 비유됩니다. "우리를 먼 이국으로 데리고 가는 순양함," "겅중겅중 뛰는, 한 페이지의 시와 같은 준마," "인간의 영혼을 싣고 가는 전차" 가 바로 그것들입니다. 이처럼 "통행료"를 낼 필요가 없는 "검소한" 여행을 가능하게 해주는 것이 책의 역할인 것입니다. 그런데 책의 역할을 비유하기 위해 교통수단을 선택하는 과정은 시인의 매우 치밀한 계산 속에서 이루어지고 있습니다.

먼저 "frigate"는 큰 돛을 단 쾌속 범선입니다. 단순히 "boat"나 "ship", 王는 "steamship" 등을 사용하지 않고 이 말을 사용한 이유는 이 말 속에 무언가 낭만적인, 즉 현실과는 동떨어진 의미가 내포되어있기 때문입니다. 마찬가지로 "horses" 대신 "coursers"를 사용한 이유는 이 어휘가 그리스 신화에 나오는 날개 달린 말 Pegasus를 암시하기 때문인 것입니다. 또한 "chariot"도 태양의 신 Apollo가 타고 다니는 전차를 연상시키는 것으로 낭만적인 분위기를 더해주는 어휘인 것입니다. 이처럼 시인은 계산된 어휘선택

(diction)에 의해 책이, 또는 시가 우리를 좁은 현실의 울타리를 벗어나게 하여주고 상상과 낭만의 세계로 인도할 수 있음을 암시하고 있는 것입니다.

2. 이미지 (imagery)

이미지(imagery)는 개별적인 개념의 image와는 달리 집합적인 개념으로—마치 machine과 machinery의 관계처럼—"언어로 감각적 경험을 재현한 것"(the representation through language of sense experience)으로 정의할 수 있습니다. 감각적 경험을 언어로 재현하는 수단인 image에는 다음과 같은 종류가 있습니다.

(1) visual imagery: 시각적 이미지
(2) auditory imagery: 청각적 이미지
(3) olfactory imagery: 후각적 이미지
(4) gustatory imagery: 미각적 이미지
(5) tactile imagery: 촉각적 이미지 (hardness, softness, wetness, heat and cold)
(6) organic imagery: 유기적 이미지 (hunger, thirst, fatigue, nausea)
(7) kinesthetic imagery: 운동 감각적 이미지

제1장에서 다루었던 Robert Browning의 "Meeting at Night"을 예로 들어 이미지의 종류를 복습하도록 하겠습니다.

The gray sea and the long black land;
And the yellow half-moon large and low;
And the startled little waves that leap
In fiery ringlets from their sleep,
As I gain the cove with the pushing prow,
And quench its speed in the slushy sand.

Then a mile of warm sea-scented beach;
Three fields to cross till a farm appears;
A tap at the pane, the quick sharp scratch
And blue spurt of a lighted match,
And a voice less loud, through its joys and fears,
Than the two hearts beating each to each!

"gray sea," "black land" 등이 시각적 이미지인데 반해, "a tap at the pane," "sharp scratch"는 청각 이미지입니다. "slushy sand"는 촉각 이미지이며 "warm sea-scented beach"는 촉각과 후각이 결합된 이미지인 것입니다. 또한 "pushing prow"는 서둘러 연인을 만나러 가는 화자의 조급한 심정을 나타내는 운동감각적 이미지입니다.

계속하서 20세기 미국 시인 Robert Frost(1874-1963)의 시 "After Apple-Picking"을 예로 들어 이미지에 대하여 조금 더 알아보도록 합니다. 모두 42행으로 이루어진 다소 길고 복잡한 구문의 시입니다만 이미지에 대해 공부하는 데 도움이 되는 18행부터 36행까지만을 살펴보겠습니다. 번역문을 첨부합니다.

Magnified apples appear and disappear,
Stem end and blossom end,
And every fleck of russet showing clear.
My instep arch not only keeps the ache,
It keeps the pressure of a ladder-round.
I feel the ladder sway as the boughs bend.
And I keep hearing from the cellar bin
The rumbling sound
Of load on load of apples coming in.
For I have had too much
Of apple-picking: I am overtired
Of the great harvest I myself desired.
There were ten thousand thousand fruit to touch,
Cherish in hand, lift down, and not let fall.
For all
That struck the earth,
No matter if not bruised or spiked with stubble,
Went surely to the cider-apple heap
As of no worth.

확대된 사과들이 나타났다가 사라진다.
가지 끝 꽃 끝과
적갈색 모든 반점이 뚜렷이 보이며.
나의 발 안 등은 아직도 아플 뿐만 아니라
사다리 발걸이의 압력마저 느끼고 있다.
가지가 휠 때마다 흔들거리는 사닥다리.

그리고 지하실 창고로부터는
무수한 사과가 쿵쿵대며 굴러드는
소음도 울려온다.
너무 많은 사과를 따
스스로 원한 풍작에
지쳐 버린 것이다.
몇 만개나 되는 과일을 만지고
쓰다듬고 떼어내고 안 떨구려 했다.
땅에 일단
떨군 것은
흠이 생기거나 그루터기에 찔리지 않은 경우라도
쓸모 없는 것으로
사과주용 더미로 보내 버린다.

이 시는 사과 수확이 끝난 늦가을에－혹시 국내에서『사이더 하우스』라는 제목으로 개봉된 적이 있는 미국 영화 *The Cider House Rules*를 본 사람이 있으면 사과 수확의 장면을 기억할 것입니다－화자(narrator)가 즐기는 휴식과 여유를 다루고 있습니다. 인용된 구절은 휴식의 시간 동안 잠이 든 화자의 꿈 속에 나타난 "사과 따기" 장면의 재현입니다. 현실에서 경험한 노동의 과정이 꿈 속에 확대 재생산되는 것입니다. 그만큼 사과 따기는 화자에게 강렬한 경험이었던 모양입니다.

앞에서 공부한 "Meeting at Night"의 이미지들을 참고하여 이 시에서 활용된 이미지를 찾아봅시다. 우선 "magnified apples," "fleck of russet"과 같은 시각 이미지들이 선뜻 눈에 들어옵니다. 사과 무더기가 지하실 창고로 굴러 들어오는 소리, 즉 "rumbling sound"와 같은 청각 이미지를 발견할 수도 있습니다. 사다리 발걸이에 걸친 발 안 등이 느끼는 무게("pressure")와 아픔("ache") 같은 촉각적 이미지뿐만 아니라, 사과를 따내는 순간 가지가 휘어지면서 사다리도 따라 흔들거리는("I feel the ladder sway") 운동감각적 이미지도 찾을 수 있습니다. 이처럼 "After Apple-Picking"은 다양한 이미지를 통해 사과 따기의 경험을 감각적으로 우리에게 전달해 주고 있는 것입니다.

다음은 여러분이 스스로 공부할 영국의 낭만주의 시인 John Keats(1795-1821)의 "To Autumn"입니다. 자세히 읽고 나서 이 시에서 어떠한 이미지들이 활용되어 있는지를 스스로 찾아내보도록 합시다. 이 작품은 가을을 의인화하여 결실과 풍요의 계절인 가을의 특징을 나타내고 있습니다. 제1연에서 가을은 태양과 공모하여 온갖 열매를 알알이 익게 하는 존재로 비쳐지며, 2연에서는 수확이 아직 끝나지 않은 밭 이랑에서 졸고 있는 모습에 비유됩니다. 마지막 연에는 곧 겨울에 자리를 물려주어야 할 가을에게 느끼는 애처로움을 표현합니다. 과연 이 시가 어떠한 이미지들을 활용하여 가을의 정취를 감각적으로 제시하고 있는지 생각해보기 바랍니다.

To Autumn

1

Season of mists and mellow fruitfulness,

Close bosom-friend of the maturing sun;
Conspiring with him how to load and bless
With fruit the vines that round the thatch-eves run;
To bend with apples the moss'd cottage-trees,
And fill all fruit with ripeness to the core;
To swell the gourd, and plump the hazel shells
With a sweet kernel; to set budding more,
And still more, later flowers for the bees,
Until they think warm days will never cease,
For Summer has o'er-brimm'd their clammy cells.

2

Who hath not seen thee oft amid thy store?
Sometimes whoever seeks abroad may find
Thee sitting careless on a granary floor,
Thy hair soft-lifted by the winnowing wind;
Or on a half-reap'd furrow sound asleep,
Drows'd with the fume of poppies, while thy hook
Spares the next swath and all its twined flowers:
And sometimes like a gleaner thou dost keep
Steady thy laden head across a brook;
Or by a cyder-press, with patient look,
Thou watchest the last oozings hours by hours.

3

Where are the songs of Spring? Ay, where are they?
Think not of them, thou hast thy music too,--

While barred clouds bloom the soft-dying day,
    And touch the stubble-plains with rosy hue;
Then in a wailful choir the small gnats mourn
    Among the river sallows, borne aloft
        Or sinking as the light wind lives or dies;
And full-grown lambs loud bleat from hilly bourn;
    Hedge-crickets sing; and now with treble soft
    The red-breast whistles from a garden-croft;
        And gathering swallows twitter in the skies.

1

안개와 무르익은 결실의 계절,
    성숙시키는 태양의 절친한 친구여;
너는 태양과 공모하여 초가집 처마를 감은 포도나무를
    열매로 짐 지우고 축복하며;
이끼 낀 오두막집 나무들을 사과들로 휘어지게 하고
    온갖 열매를 속속들이 익게 하고;
        박을 부풀게 하고, 개암껍질을
    달콤한 인(仁)으로 굵게 하고; 꿀벌을 위해
늦게 피는 꽃들을 더욱 더 피어나게 한다,
꿀벌들이 따뜻한 날이 결코 그치지 않으리라 생각할 때까지,
        여름이 끈끈한 벌집구멍을 넘쳐흐르게 하였기에.

2

누가 네 수확물 속에서 너를 자주 보지 못했으랴?

때로 집 밖에서 찾는 사람은 누구나 보았으리
곡물창고 바닥에 태평스레 앉아
키질하는 바람에 머리칼을 부드러이 나부끼는 너를;
혹은 네 낫이 다음 벨 줄과 온갖 꼬인 꽃들을
아껴 두는 동안 양귀비 향연에 졸면서
반쯤 벤 이랑에 깊이 잠든 너를;
그리고 때때로 이삭 줍는 사람처럼 너는
짐을 진 머리를 개울너머로 향하게 하고 있다;
혹은 사이다 압착기 곁에서 참을성 있는 표정으로,
마지막 방울을 몇 시간이고 지켜본다.

3

어디에 있는가 봄의 노래는? 아, 어디에 있는가?
봄의 노래를 생각하지 말라, 너는 네 노래를 갖고 있으니,--
줄무늬 구름들이 조용히 죽어가는 낮을 석양으로 물들이고
그루터기 들판을 장미색으로 적시는 동안;
그때 애조 띤 합창으로 작은 각다귀들이 슬픈 노래 부른다
강가의 버드나무들 사이에서, 가벼운 바람이
일거나 죽음에 따라 높게, 낮게 불려가며;
그리고 다 자란 양들이 언덕 언저리에서 요란히 울고;
여치들이 노래한다; 그리고 지금 부드러운 고음으로
방울새가 채소밭에서 휘파람 불고,
하늘엔 강남 가는 제비들이 짹짹거린다.

제3장

영시의 기본 요소 2

직유, 은유, 상징

이 장에는 시의 비유법(figure of speech) 가운데 직유(simile)와 은유(metaphor), 그리고 상징(symbol)에 대하여 알아보겠습니다.

1. 직유와 은유

비유(figure)란 무엇인가를 그것이 아닌 다른 것에 빗대어 말하는 방법입니다. 그 가운데 가장 대표적인 것이 직유와 은유입니다. 직유와 은유는 본질적으로 서로 다른 것을 견주는 방식(a means of comparing things that are essentially unlike)입니다만 두 비유법 사이에는 다소 차이가 있습니다.

먼저 직유는 두 가지 서로 다른 대상의 비교가 like, as, than, similar to, resembles, seems 등의 어휘에 의해 겉으로 분명하게 표현(expressed)됩니다. 즉 "Love is *like* oxygen"처럼 말입니다. 반면

에 은유는 양자가 위와 같은 어휘들에 의해 연결되지 않고 그 비교 관계가 암시(implied)될 뿐입니다. "Love is the seed of tears"(사랑은 눈물의 씨앗)처럼 말입니다. 이때 "Love"는 액면 그대로의 말(literal term)로서 tenor라 지칭하고, "the seed of tears"는 "Love"가 비유된 말(figurative term)로서 vehicle이라고 이름 붙입니다.

시들을 예로 들어 조금 더 구체적으로 살펴보겠습니다.

다음은 영국 시인 Frances Cornford(1886-1960)의 "The Guitarist Tunes Up"이라는 시입니다.

> With what attentive courtesy he bent
> Over his instrument;
> Not as a lordly conqueror who could
> Command both wire and wood,
> But as a man with a loved woman might,
> Inquiring with delight
> What slight essential things she had to say
> Before they started, he and she, to play.

이 시는 사랑하는 남녀의 관계를 기타 연주자(남자)와 기타(여자)의 관계에 빗대어 표현합니다. 기타 연주자는 "온갖 주의와 예의를 다 갖추어" "악기(기타) 위에 구부리고" 있습니다. 그러나 그는 기타의 현과 통에 이래라 저래라 명령하는 정복자처럼(as) 행세하는 것이 아니라 마치 사랑하는 여인을 대하듯 부드러운 태도를 유지합니다. 연주자가 현을 조율하는 모습은 마치 연인들이 본격적인 사랑을 나누기 이전에 두 사람의 관계를 조율하는 과정에 빗대어집니다. 여기서 “slight essential things”는 남녀 관계에서는 “사소하지만 서로 알아야 될 중요한 것들”의 의미를 지니지만 연주자와 기타의 관계에서는 “화음을 구성하는데 반드시 필요한 사소한 튜닝”의 의미를 지닐 수 있습니다. 이처럼 이 시는 연주자와 기타의 관계를 사랑하는 두 남녀의 관계에 비유하고 있으며, 이 비유는 두 차례 반복되는 “as”를 통해 알 수 있듯이 직유인 것입니다.

다음은 은유의 예를 알아 보겠습니다. 미국 시인 Robert Francis (1901-1987)의 시 “The Hound”입니다.

> Life the hound
> Equivocal
> Comes at a bound
> Either to rend me
> Or to befriend me.
> I cannot tell
> The hound's intent
> Till he has sprung
> At my bare hand
> With teeth or tongue.
> Meanwhile I stand
> And wait the event.

여기서 인생은 사냥개에 은유되고 있습니다. 2행을 독차지한 어휘 “Equivocal”은 마치 앞에 있는 사냥개가 덤벼들어 우리 손을 이빨로 물어 뜯을지 아니면 혀로 핥으면서 친근하게 대할지 모르듯이, 삶도 마찬가지로 우리에게 행운을 가져다 줄지 또는 시련으로 우리를 괴롭힐지 모르는, 그야말로 "애매한" 것이기 때문에 설득력을 지니게 됩니다. 여기서 "Life"는 literal term(tenor)이고 이를 은유한 "hound"는 figurative term(vehicle)인 것입니다.

위의 예에서 알 수 있듯이 직유는 비교적 그 비유의 관계가 명백하기 때문에 암시적인 은유보다는 파악하기가 용이합니다. 그러나 복잡하고 암시적인 말 놀이를 즐기는 시인들이 친절하게 직유를 구사하지는 않습니다. 직유는 너무 쉽게 비유의 관계가 드러나기 때문입니다. 조금 길이가 긴 작품을 예로 들어 직유와 은유에 대하여 더 알아보겠습니다. 다음은 16세기 영국 시인 Thomas Campion (1567-1620)의 시 "There is a Garden in Her Face"입니다.

There is a garden in her face,
Where roses and white lilies grow;
A heavenly paradise is that place,
Wherein* all pleasant fruits do flow. *in which
These cherries grow which none may buy,
Till "Cherry-ripe" themselves do cry.

Those cherries fairly do enclose
Of orient pearl a double row,
Which when her lovely laughter shows,
They look like rosebuds filled with snow.
Yet them nor peer* nor prince can buy, *nobleman
Till "Cherry-ripe" themselves do cry.

Her eyes like angels watch them still;
Her brows like bended bows do stand,
Threatening with piercing frowns to kill
All that attempt with eye or hand
Those sacred cherries to come nigh*, *near
Till "Cherry-ripe" themselves do cry.

이 시는 기본적으로 여인의 얼굴을 온갖 꽃들과 과일들로 충만한 정원에 은유하고 있습니다. 제1연에서 "roses"와 "white lilies"는 각각 발그스레한 여인의 뺨과 흰 피부를 은유하고 있는 것으로 보입니다. "cherries"는 여인의 붉은 입술을 은유하며 "Cherry-ripe"는 "잘 익은 버찌 사세요"의 뜻입니다(그렇다면 이 말이 무엇을 암시하는지 짐작할 수 있을 것입니다). 하지만 스스로 "버찌 사세요"라고 할 때까지 아무도 살 수 없는, 곧 그녀에게 입맞출 수 없는 일입니다.

제2연의 "Of orient pearl a double row"의 원래의 어순은 "a double row of orient pearl"로서 "가지런히 늘어선 두 줄의 동양 진주"로 해석할 수 있으며, 여인의 가지런한 치아를 은유하고 있습니다. 그리고 그녀가 웃을 때의 입 모양은 "눈이 가득 찬 장미꽃 봉오리"에 직유되고 있는 것입니다.

제3연의 두드러진 비유는 직유입니다. 그녀의 눈은 천국의 정원을 지키는 천사처럼 그녀의 입술을 "감시하며"("watch"), 그녀의 눈썹은 마치 활처럼 시위를 잔뜩 당겨 그녀의 입술에 다가서려는, 눈길이나 손의 동작을 위협하고 있는 것입니다. 결국 이 시는 은유와 직유를 기본적 비유로 활용하여 순결을 지키려는 여인의 정숙함을 기리고 있습니다.

2. 상징

상징이란 어떤 대상이 지니고 있는 의미 이상의 것을 지칭합니다. 장미는 꽃의 한 종류라는 원래의 의미뿐만 아니라 "열정"이라는 상징적 의미를 갖게 되는 것입니다. 그렇다면 상징이 앞에서 우리가 공부한 이미지나 은유와는 어떻게 다른지 알아보겠습니다.

다음 인용문을 읽어보기 바랍니다.

> In general, an image means only what it is; the figurative term in a metaphor means something other than what it is; and a symbol means what it is and something more, too. <u>A symbol, that is, functions literally and figuratively at the same time</u>. If you say, "A shaggy brown dog was rubbing its back against a white wall," you are talking about nothing but a dog (and a white wall) and are therefore presenting an image. If you say, "Some dirty dog stole my wallet at the party," you are not talking about a dog at all and are therefore using a metaphor. But if you say, "you can't teach an old dog new tricks," you are talking not only about dogs but about living creatures of any species and are therefore speaking symbolically.

위의 인용문에서 언급된 예문을 살펴보겠습니다. "털북숭이 개가 흰 담벼락에 대고 등을 긁고 있다"고 했을 때 화자는 자신이 목격하는 장면을 "shaggy brown dog," "rubbing," "white wall" 등의 이미지를 통해 묘사하고 있는 것입니다. 반면에 "어떤 더러운 개xx가 파티에서 내 지갑을 훔쳐갔다"고 했을 때 "some dirty dog"은 진짜 개를 지칭하는 것이 아니라 지갑을 훔쳐간 개 같은 인간을 은유하는 표현입니다. 즉 은유는 그 말로서 다른 것을 지칭하는 수단인 것입니다. 끝으로 "나이든 개에게 새로운 재주를 가르칠 수는 없는 일이다"라는 문장에서 "나이든 개"는 말 그대로 개이지만 이 문장은 "타성에 젖은 사람에게 변화를 요구하는 것은 불가능하다"는 의미로 확대 해석될 수 있습니다. 따라서 "나이든 개"는 말 그대로 개이면서 동시에 "타성에 젖은 인간"을 지칭하며, 곧 상징인 것입니다. 이처럼 상징은 원래 그 말 뜻 그대로 해석될 수 있으면서 동시에 비유적으로도 해석될 수 있는 것입니다.

다음은 아마 현대 미국 시인 가운데서 우리에게 가장 많이 알려진 Robert Frost의 유명한 시 "The Road Not Taken"을 예로 들어 상징에 대하여 조금 더 알아 보겠습니다. 여기서 "road"는 말 그대로 화자가 걸어간 길이면서 동시에 인생의 역정이라는 상징적 의미를 지니게 됩니다.

Two roads diverged in a yellow wood,
And sorry I could not travel both
And be one traveler, long I stood
And looked down one as far as I could
To where it bent in the undergrowth;

Then took the other, as just as fair,
And having perhaps the better claim,
Because it was grassy and wanted* wear; *lacked
Though as for that the passing there
Had worn them really about the same,

And both that morning equally lay
In leaves no step had trodden black.
Oh, I kept the first for another day!
Yet knowing how way leads on to way,
I doubted if I should ever come back.

I shall be telling this with a sigh
Somewhere ages and ages hence:
Two roads diverged in a wood, and I--
I took the one less traveled by,
And that has made all the difference.

이 시는 화자(speaker)－시의 서술자인 화자가 반드시 시인 자신은 아닙니다－가 과거를 회상하는 방식으로 전개됩니다. 제1연에서 화자는 "노란 숲 속에 난 두 갈래의 길"을 만납니다. 하지만 한꺼번에 그 길들을 걸어볼 수는 없는 일입니다. 자신이 택하지 않은 길이 "덤불 숲으로 구부러져" 보이지 않을 때까지, "될 수 있는 대로 멀리까지 내려다 보았다"는 말에서 이러한 화자의 아쉬움을 엿볼 수 있습니다.

제2연에서 화자는 어째서 그 가운데 하나의 길을 선택하였는지를 설명합니다. 그 이유는 "풀이 우거지고" 사람들이 "밟지 않은" 길이어서 더 낫지 않을까 생각했기 때문입니다. 하지만 결국 자신이 "그리로 지나감으로써/ 거의 같은 정도로 밟힌 셈이지만" 말입니다.

제3연에서 화자는 자신이 선택하지 않은 길을 언젠가 걸어보겠다고 다짐을 했었지만 그것이 불가능하다는 사실을 이미 잘 알고 있었습니다. 왜냐하면 "길은 길로 이어짐을 알았기에 돌아올 가망이 없음"을 애초부터 깨달았기 때문입니다. 여기서 "길"이 화자가 단순히 여행한 실제의 길만을 의미하지 않음이 드러나게 됩니다. 이 연에서 선택된 "way"는 앞의 "road"와는 달리 추상적 의미를 지니게 되는 말로서 인생의 역정을 암시하기 때문입니다. 즉 시인이 선택한 이 어휘 "way"를 통하여 이 시의 중심 소재인 길의 선택은 상징적 의미를 지닐 수 있게 되는 것입니다.

마지막 연에서 화자는 언젠가 자신이 선택한 길 때문에 많은 차이가 생겨났다고 말하리라 고백합니다. 이 고백을 통해 다른 길을 배제할 수밖에 없었던 것에 대하여 애석함을 다시 한번 드러냅니다. 그렇지만 화자가 길의 선택을 후회하고 있다고 말 할 수는 없습니다. 인생의 노정에서 우리는 무수한 선택들에 직면하며 그 일회적 선택에 의해 삶의 행로가 바뀌는 것은 어쩔 수 없는 일이기 때문입니다. 그것이 바로 인간의 조건인 것입니다.

상징의 예를 한가지만 더 살펴보겠습니다. 다음은 여성시인 Dorothy Lee Richardson(1900- 1986)의 "At Cape Bojeador"라는 제목의 시입니다.

Walking the beach at daybreak I came on a violet sea urchin
geometrically perfect in its delicate design;
and I thought of a certain woman whom I know and admire,
as fragile as that urchin, as flawless in color and line.

Going back the next morning I saw it there again,
crushed in a foot-print, thin bone mixed with sand.
And I grieved for it and for women, millions of eggshell women,
and time in his heedless stroll over brow and breast and hand.

1연에서 화자는 동틀 무렵 해변을 걷다가 "기하학적으로 완벽한" 디자인의 "보라색 성게"를 우연히 발견합니다. 문득 화자는 어떤 여인을 생각해냅니다. 이 연상이 가능했던 이유는 그 여인 역시 성게처럼 여리고 흠잡을 데 없는 색과 선을 지니고 있었기 때문입니다.

다음날 다시 가보니 성게는 인간의 발자국에 밟혀 으스러지고 말았습니다. 그 순간 시인은 "수 많은, 달걀껍질처럼 연약한 여인들"의 "이마와 가슴과 손을 밟고 지나가는" 시간의 부주의한 발걸음을 연상하는 것입니다. 여기서 "sea urchin"은 여인의 아름다움과 연약함을 상징하며 따라서 이 성게가 짓밟힌 것 또한 여인들이 이 시간의 위력에 의해 파괴되어 가는, 즉 늙어가는 현상을 상징하는 것입니다.

이제 여러분은 상징이 무엇인지에 대하여 충분히 이해했을 것입니다. 다음은 여러분이 스스로 공부할 작품을 골라 보았습니다. 17세기 영국 시인 Robert Herrick(1591-1694)의 "To the Virgins, to Make Much of Time"이라는 시입니다. 이 작품은 "carpe diem" 영어로는 “seize the day”를 주제로 하는 시입니다. 귀중한 청춘을 헛되이 보내지 말고 힘껏 활용하자는 것입니다. 여러분들 대부분이 보았으리라고 짐작합니다만, 영화 *The Dead Poet's Society*에서 Mr. Keating이 학생들에게 이 시를 들려 주는 장면이 나오기도 합니다. 천천히 읽고 과연 여기서 “rosebuds”가 무엇을 상징하는지, 그리고 화자가 처녀들에게 주문하는 “gather rosebuds”는 결국 무엇을 상징하는지를 스스로 찾아보기 바랍니다.

Gather ye* rosebuds while ye may, *you
Old time is still a-flying*; *flying
And the same flower that smiles today
Tomorrow will be dying.
The glorious lamp of heaven the sun,
The higher he's a-getting*, *getting
The sooner will his race be run,
And nearer he's to setting.
That age is best which is the first,
When youth and blood are warmer;
But being spent, the worse, and worst
Times still succeed the former.
Then be not coy*, but use your time, *shy
And, while ye may, go marry;
For, having lost but once your prime*, *prime time or age
You may forever tarry*. *wait

제4장

영시의 기본 요소 3

역설과 반어법

이 장에는 시의 비유법 가운데 역설(paradox)과 반어법(irony)에 대하여 알아보겠습니다.

1. 역설

역설이란 겉으로는 모순되지만 가만히 들여다보면 일리가 있는 표현법을 가리킵니다. 예를 들어 보겠습니다. 18세기 영국의 시인 Alexander Pope(1688-1744)는 당대의 어느 문학 비평가를 겨냥하여 그 비평가가 작가를 "damn with faint praise"한다고 말한 적이 있습니다. "미미한 칭찬으로 작가에게 저주를 내린다"는 뜻으로 해석될 수 있겠습니다. 여기서 "damn"과 "praise"는 정반대의 뜻으로 서로 어울릴 수 없는, 모순되는 말들입니다. 하지만 이 말은 비평가가 작가를 소극적으로 칭찬하는 것은 오히려 대놓고 비난하는 것만큼이나 작가에게 큰 피해를 줄 수 있다는 뜻으로 이해될 수 있습니다. 칭찬을 하려면 확실하게 하든지, 아니면 맹렬하게 비판을 하든지 둘 중의 하나를 선택해야지 어정쩡한 칭찬은 오히려 작가를 시시한 존재로 만들어 독자들로부터 외면 당하게 만들 수 있다는 것입니다. 이처럼 언뜻 보면 모순되지만 자세히 살펴보면 이치가 닿는 표현법이 바로 역설입니다. "pleasing pain," "terrible beauty" "death in life" 역시 역설적인 표현인데, 특히 이처럼 문장(statement)이 아닌 구(句)로 이루어진 역설적 표현을 oxymoron(모순어법)이라고 부릅니다.

17세기 영국의 시인 John Donne(1572-1631)의 "Batter My Heart, Three-Personed God"을 예로 들어 역설에 대하여 보다 자세히 살펴보겠습니다. 번역문을 첨부합니다.

Batter my heart, three-personed God, for you
As yet but knock, breathe, shine, and seek to mend;
That I may rise and stand, o'erthrow* me, and bend *overthrow
Your force to break, blow, burn, and make me new.
I, like an usurped town to another due*, *belonging to another
Labor to admit you, but oh, to no end;
Reason, your viceroy in me, me should defend,
But is captived, and proves weak or untrue.
Yet dearly I love you, and would be loved fain*, *gladly
But am betrothed* unto your enemy; *engaged
Divorce me, untie or break that knot again,
Take me to you, imprison me, for I,

Except* you enthrall me, never shall be free, *unless
Nor ever chaste, except you ravish me.

때려 부수소서 내 심장을, 삼위일체의 신이시여; 당신은
여태껏 단지 두들기고, 입김 불고, 광내고, 고치려고만 할 뿐입니다.
내가 일어설 수 있도록 나를 거꾸러뜨리소서,
그리고 당신의 힘을 기울여 깨고, 불고, 태워서, 나를 새롭게 만드소서.
나는 빼앗긴 도시처럼 다른 사람의 소유가 되어,
당신을 받아들이려 애쓰지만 아, 소용없는 일입니다.
내 속에 있는 당신의 총독인 이성이 나를 지켜주어야 하지만
포로가 되고, 힘이 약하거나 충성스럽지 않은 것으로 밝혀졌습니다.
여전히 당신을 극진히 사랑하며 또한 기꺼이 사랑 받기를 원하지만,
나는 당신의 적과 약혼한 몸이 되고 말았습니다.
나를 파혼시키고, 그 인연의 매듭을 풀거나 깨뜨려 버리소서;
나를 당신에게로 데려가서, 옥에 가두소서. 나는
당신께서 노예로 삼지 않으시면 결코 자유롭지도 못할 것이며,
정절을 지킬 수도 없을 것입니다, 당신께서 저를 강탈하지 않으신다면.

이 시에서 우리는 다음과 같은 역설적 표현들을 발견할 수 있습니다.

A. "That I may rise and stand, o'erthrow me,"
B. "break, blow, burn, and make me new,"
C. "Except you enthrall me, never shall be free,"
D. "Nor ever chaste, except you ravish me"

위와 같은 표현들을 이해하려면 우선 이 시의 화자가 처한 상황을 알 필요가 있습니다. 화자는 시인 John Donne의 전기적 사실에서 알 수 있듯이 성직자입니다. 그리고 그의 신앙 생활은 위기를 맞고 있습니다. "당신의 적" 속에는 성직자를 유혹하는 세속적 관심 등이 포함되어 있는 것입니다. 이성마저도 믿을 수 없는 존재입니다. 왜냐하면 성직자에게는 냉철한 이성보다는 신을 향한 뜨거운 열정이 필요하기 때문입니다. 하지만 그는 다른 무엇인가에 마음을 "빼앗겨 버린" 상태인 것입니다. 그가 신께 바랄 수 있는 것은 철저한 쇄신을 통해 참다운 성직자로 거듭나는 일뿐입니다. 그래서 A. 다시 "일어설 수 있도록" 현재의 자신을 거꾸러뜨려 달라는 것입니다. 이는 단지 자신을 수선하는 소극적인 작업을 통해서는 불가능하며 B. 마치 대장장이가 쇠를 깨고(break), 용광로에 바람을 불어넣어(blow) 태워야만(burn), 자신이 새롭게 만들어질 수 있습니다.

C. "나를 노예로 삼지 않으면 결코 자유로울 수 없다" 역시 역설입니다만 이 말은 자신이 신에게 철저하게 예속된 존재가 되지 못하면 결코 세속의 유혹으로부터 자유롭지 못하리라는 의미를 지니게 됨으로써 타당성을 얻게 됩니다. D. "나를 강탈하지 않으면," 즉 내 몸을 유린하지 않으면 "정절을 지킬 수 없다" 역시 역설적 표현이지만 "ravish"가 "황홀하게 하다"는 의미를 지닐 수 있다고 할 때, 이 말은 신이 화자의 마음을 완전히 사로잡아 황홀한 종교의 세계를 경험하지 못하게 한다면 세속의 유혹으로부터 정절을, 즉 정신의 순수성을 지킬 수 없다는 말이 됩니다.

이제 왜 화자가 신을 'three-personed God"으로 지칭했는지 그 이유가 밝혀졌습니다. 이 말은 "성부, 성자, 성신"(Father, Son,

Holy Spirit)의 결합체, 즉 삼위일체로서의 신을 나타내는 말이기도 하지만 이 시에서 신은 세 사람의 역할을 담당하기 때문입니다. 첫째, 대장장이, 둘째, 왕－총독을 보낼 수 있는 지위이기 때문에－, 끝으로 화자의 연인으로서의 역할이 바로 그것입니다.

2. 반어법

irony의 원래의 뜻은 "discrepancy or incongruity"로서 어긋나고 서로 일치하지 않는 것을 가리킵니다. irony에는 언어적 반어법 (verbal irony), 극적 반어법 (dramatic irony), 상황적 반어법 (irony of situation)의 세 가지 종류가 있습니다.

(1) 언어적 반어법 (verbal irony)

말과 그 뜻이 일치하지 않는 경우, 즉 실제로 뜻하는 바와 정반대의 말을 하는 경우를 가리킵니다. 예를 들어 상대방이 무엇인가 실수를 저질렀을 때, "참 잘 했다"는 말은 칭찬이 아니라 비아냥거리는 표현인데 그것이 바로 언어적 반어법(verbal irony)인 것입니다. 앞에서도 언급했던 Alexander Pope의 "On a Certain Lady at Court"라는 시를 예로 들어 자세히 살펴봅니다.

I know a thing that's most uncommon
(Envy, be silent, and attend);

I know a reasonable woman
    Handsome and witty, yet a friend.

Not warped* by passion, awed by rumour, *twisted
    Not grave through pride, or gay through folly:
An equal mixture of good humour,
    And sensible soft melancholy.

'Has she no faults then,' Envy says, 'Sir?'
    Yes, she has one, I must aver:
When all the world conspires to praise her
    The woman's deaf, and does not hear!

이 시의 기본적 상황을 살펴본다면 다음과 같습니다. 화자가 질투심–여기서는 Envy라는 추상적 개념이 의인화되어 있는데 이를 "personified abstract"라고 이름 붙이기도 합니다–에게 들려주는 "가장 범상치 않은 일"이란 뛰어난 외모와 기지를 갖추고 있으면서도 친구가 될 수 있는 여인에 관한 것입니다. 제목이 가리키듯이 그 여인이 궁정에 산다고 했을 때 그것은 분명 범상치 않은 일임에 틀림이 없습니다. 왜냐하면 궁정이란 본래 온갖 시기와 모함이 난무하는 곳인데 "욕정으로 마음이 삐뚤어지지도 않고, 소문을 두려워하지도 않으며, 자만심으로 거들먹거리지도 않고, 경박하지도 않은" 여인이 궁정에 존재한다는 것은 예사롭지 않은 일이기 때문입니다. 2연에서 "humour"란 사람의 몸을 구성하고 있으며 성격을 좌우하는 체액을 말하는데 이 여인은 이 체액들이 골고루 잘 배합

되어 "현명하고 부드러우며 차분한" 성격의 소유자인 것입니다.

그러자 질투심이 더 이상 참지 못하고 그녀에게는 결점이 없는지를 묻습니다. 이에 화자는 그녀에게도 한 가지 결점은 있다고 단언합니다. 그것은 "온 세상 사람들이 모의하여 그녀를 칭찬할 때도/ 그녀는 귀가 먹어 듣지 못한다"는 것입니다. 여기서 우리는 두 가지의 의문을 갖게 됩니다. 우선 "praise"가 말 그대로 칭찬이냐는 것입니다. 시기와 모함이 난무하는 궁정의 성격상 그처럼 훌륭한 여인에게 찬사를 보낼 리 없기 때문입니다. 이러한 의구심은 시인이 사용한 "conspire"라는 어휘에 의해서도 생겨납니다. "conspire"란 어떤 좋지 않은 일을 모의한다는 뜻으로 "praise"와는 어울리지 않기 때문입니다. 따라서 말은 "praise"이지만 그 뜻은 정반대로 "criticize"나 "blame"이며 따라서 이 말은 verbal irony인 것입니다. 또 한가지 "그녀가 귀먹어 듣지 못한다"는 것이 내용상 과연 결점인지를 짚어볼 필요가 있습니다. 이 말은 액면 그대로의 의미로 사용되었기 보다는 "세상의 평판에 무관심할 때 오히려 훌륭한 인품과 행동을 유지할 수 있다"는 비유적, 즉 은유적 의미로 쓰여졌다고 보아야 할 것입니다. 그렇다면 그녀가 듣지 못한다는 것은 결점이 아니라 오히려 장점과 미덕이 될 수 있으며, 그 결과 화자가 말하는 "한가지 결점"은 정반대의 의미를 지니게 되어 verbal irony가 됩니다.

(2) 극적 반어법 (dramatic irony)

dramatic irony란 시의 화자가 하는 말과 시인이 의도하는 바가 일치하지 않는 경우를 말합니다. 이 반어법은 시의 화자가 시인 자신은 아니라는 것을 전제로 합니다. verbal irony 보다는 복잡한 형태의 irony로서 잘 구분하기가 힘들지만 한가지 예를 통해 알아보겠습니다. 다음은 영국 낭만주의 시인 William Blake(1757-1827)의 “The Chimney Sweeper”의 일부(1-2연)입니다.

When my mother died I was very young,
And my father sold me while yet my tongue
Could scarcely cry “‘Weep! ‘weep! ‘weep! ‘weep!”
So your chimneys I sweep, and in soot I sleep.

There's little Tom Dacre, who cried when his head,
That curled like a lamb's back, was shaved; so I said,
“Hush, Tom! never mind it, for, when your head's bare,
You know that the soot cannot spoil your white hair.”

엄마가 돌아가셨을 때 나는 아주 어렸었고,
아빠는 내가 “굴뚝 닦아요, 굴뚝 닦아요” 외칠 수 있기도 전에
나를 팔아 넘겼어요.
그래서 나는 굴뚝을 닦으며 검댕이 속에서 잠을 자지요.

탐 데이커라는 꼬마가 있었는데, 양의 등처럼 곱슬거리는
머리털이 잘리자 울음을 터뜨렸어요. 그래서 내가 달랬지요,
“조용히 해 탐, 걱정 마, 머리털이 없으면
검댕이 때문에 네 흰 머리털이 더러워지지도 않을 테니까”
라고요.

Blake가 살던 18세기 영국에서는 네 살, 다섯 살도 채 않되는 아이들이 작은 체구 때문에 좁은 굴뚝 속을 드나들며 청소하는 일에 동원되었던 적이 있습니다. 크리스마스가 되면 자주 영화로 방영되던 영국의 소설가 Charles Dickens 원작의 *Oliver Twist*나 뮤지컬로 유명한 *Mary Poppins* 등에도 이처럼 어린 굴뚝 청소부들의 애환이 다루어지고 있습니다만, 이 시의 화자는 바로 어린 시절 일찍 팔려가 굴뚝을 청소하는 험한 일에 동원된 어린이입니다. 제2연에서 화자는 Tom Dacre가 양털 같은 흰 고수머리를 잘리고 슬퍼하자 머리칼이 없으면 더러워질 염려도 없으니 오히려 좋지 않느냐고 위로를 합니다. 이 대목에서 우리는 나이는 어리지만 남을 동정할 줄 아는 어린 아이의 천진하면서도 사려 깊은 목소리를 듣게 됩니다. 하지만 시인의 의도는 화자의 성품을 부각시키는 데 있지는 않습니다. 오히려 시인은 이 천진스러운 화자의 목소리를 통하여 당시 아이들을 착취하는 사회 구조를 신랄하게 비판하고 있는 것입니다. 이처럼 화자의 말과, 그 이면에 놓인 시인의 의도가 다른 경우를 극적 반어법이라 합니다.

(3) 상황적 반어법 (irony of situation)

상황적 반어법이란 기대하는 상황과 실제로 발생한 상황이 일치하지 않는 경우를 말합니다. 신혼여행을 가서 호텔 식당에서 밥을 먹는데 바로 옆 식탁에서 옛 애인이 마찬가지로 밥을 먹고 있는 상황처럼 말입니다. 미국 시인 Edwin Arlington Robinson(1869-1935)의 "Richard Cory"를 예로 들어 보다 상세히 알아보겠습니다.

Whenever Richard Cory went down town,
We people on the pavement looked at him:
He was a gentleman from sole to crown,
Clean favoured* and imperially slim. *good-looking

And he was always quietly arrayed,
And he was always human when he talked;
But still he fluttered pulses when he said,
"Good Morning!" and he glittered when he walked.

And he was rich—yes, richer than a king—
And admirably schooled in every grace:
In fine, we thought that he was everything
To make us wish that we were in his place.

So on we worked and waited for the light,
And went without the meat and cursed the bread,
And Richard Cory, one calm summer night,
Went home and put a bullet through his head.

리차드 코리가 시내로 나갈 때마다
우리는 도로에 서서 그를 바라보았다.
발바닥부터 머리끝까지 신사였으며
깔끔한 용모에 호리호리한 풍채였다.

옷차림은 늘 수수했고
말할 때도 늘 친절하였다.

그래도 그가 "안녕하세요" 할 때마다 맥박을
뛰게 했고 걸을 때 마다 빛이 났다.

게다가 부자였다－왕보다 더 부자였다
그리고 모든 면에 맵시 있고 세련됐다.
한마디로, 굉장한 사람이어서
우리는 무조건 부러워했다.

그래서 우리는 계속 일하며 좋은 시절을 기다렸다
고기도 못 먹으며 먹는 빵만 저주했다.
그런데 리차드 코리는, 어느 조용한 여름날 밤,
집에 가더니 제 머리를 쏘아버렸다.

겉보기에 Richard Cory는 남부러울 것이 없는 사람입니다. 깔끔한 용모와 "황제처럼 날씬한" 몸매, 그리고 친절한 태도에 이르기까지, 그야말로 머리 끝에서 발 끝까지 완벽한 신사－게다가 부자－입니다. 그래서 마을 사람들은 그를 닮으려고 열심히 일하며 빵만으로 연명을 하면서 언젠가 "쥐구멍에도 볕들 날 있다"는 기대감으로 하루 하루를 지냅니다. 하지만 겉보기에 아무런 문제가 없을 것 같던 그가 돌연 권총자살을 하고 맙니다. 예상과 달리 충격적인 일이 벌어진 것입니다. 이처럼 예상과 실제가 어긋날 때, 이를 상황적 반어법이라고 부릅니다. 이 시는 이처럼 상황적 반어법을 사용하여 문학 작품의 빈번한 주제인 "외양과 실제의 간극"을 취급하고 있는 것입니다.

제5장

영시의 기본 요소 4

인유와 어조

이 장에서는 인유 (allusion)와 어조 (tone)에 대하여 공부하겠습니다.

1. 인유 (allusion)

시의 비유법 가운데 인유란 시인이 시 속에서 다루고 있는 상황과 유사한 상황을 기존의 다른 작품으로부터 빌어와 인용하는 것을 말합니다. 이를 통해 시인은 자신의 생각과 감정을 보편화 시켜, 보다 강력하게 전달할 수 있는 것입니다. 시인들이 자주 인유의 대상으로 삼는 것은 그리스 로마 신화, 성경, 셰익스피어의 작품과 같은 고전들입니다. 인유의 출처가 유명한 작품일수록 시인이 지닌 생각과 감정은 더욱 보편적인 것이 될 수 있기 때문입니다.

다음은 앞에서 살펴본 미국 시인 Robert Frost의 "Out, Out—"입니다.

The buzz saw snarled and rattled in the yard
And made dust and dropped stove-length sticks of wood,
Sweet-scented stuff when the breeze drew across it.
And from there those that lifted eyes could count
Five mountain ranges one behind the other
Under the sunset far into Vermont.
And the saw snarled and rattled, snarled and rattled,
As it ran light, or had to bear a load.
And nothing happened: day was all but done.
Call it a day, I wish they might have said
To please the boy by giving him the half hour
That a boy counts so much when saved from work.
His sister stood beside them in her apron
To tell them "Supper." At the word, the saw,
As if to prove saws knew what supper meant,
Leaped out at the boy's hand, or seemed to leap—
He must have given the hand. However it was,
Neither refused the meeting. But the hand!
The boy's first outcry was a rueful laugh,
As he swung toward them holding up the hand
Half in appeal, but half as if to keep
The life from spilling. Then the boy saw all—
Since he was old enough to know, big boy
Doing a man's work, though a child at heart—

He saw all spoiled. "Don't let him cut my hand off—
The doctor, when he comes. Don't let him, sister!"
So. But the hand was gone already.
The doctor put him in the dark of ether.
He lay and puffed his lips out with his breath.
And then—the watcher at his pulse took fright.
No one believed. They listened at his heart.
Little—less—nothing!—and that ended it.
No more to build on there. And they, since they
Were not the one dead, turned to their affairs.

둥근 톱이 뜰에서 으르렁, 덜컹거렸다.
먼지를 일으키며 난로 크기의 나무토막들을 떨어뜨렸다.
바람이 일 때마다 향기를 풍기며.
눈 들어 바라보면 버몬트 주까지 뻗친
해거름 아래 첩첩이 쌓인 산맥 다섯 개를 셀 수 있었다.
톱은 그저 돌아가면서, 혹은 짐을 지고서
으르렁 덜컹, 으르렁 덜컹거렸다.
아무 일도 없었다. 하루는 거의 끝났다.
'이제 그만 하지' 했더라면 좋았을 것을.
소년에게 반 시간을 주면 아주 기뻐한다.
일에서 버는 시간이니 그만큼 소중한 것이다.
일하는 사람들 옆에 앞치마를 두른 그의 누나가
'저녁 됐어요' 했다. 그 말을 듣자 톱은
톱도 저녁이 무엇인지를 안다는 것처럼

소년의 손에 뛰어올랐다. 적어도 뛰어오른 것 같았다 -
소년이 손을 넣었겠지만, 어쨌든 불가피하게
서로 만났다. 그러나 손은!
소년의 첫 외침은 슬픈 웃음이었다.
사람들에게 그 손을 들어 보였다, 반은 호소하듯이
그러나 반은 생명이 흘러버리는 것을
막으려는 것처럼. 그러나 소년은 모든 것을 알았다 -
마음은 어리지만 어른의 일을 하는
알 만큼 자란 큰 소년이었기에 -
모든 것이 글렀음을. '손을 자르지 말라고 해 -
의사선생님이 오셔도. 자르지 말라고 해, 누나!'
그렇게. 허나 손은 이미 사라졌다.
의사는 그를 마취제의 어둠 속에 놓았다.
그는 누워서 거친 숨을 내쉬었다.
그러자 그의 맥을 보던 이가 겁을 먹었다.
믿을 수 없는 일이었다. 가슴에 귀를 댔다.
희미해지고 - 더 희미해지고 - 끊겨 버렸다. 그것이 전부였다.
거기에 세울 것은 이젠 없었다. 그들은 결국
죽은 이가 아니기에 제 볼일로 돌아가고 말았다.

이 시는 숲 속 벌목장에서 일을 거들던 한 소년의 때이른(premature), 안타까운 죽음을 다루고 있습니다. 하루의 일을 거의 마치고 저녁을 먹기 직전, 소년은 느닷없이 톱이 튀어 오르는 예기치 않은 사고－사실 1행과 7행에서 반복되는 "the saw snarled and rattled"는 무언가 불길한 일이 일어날 것을 예고하고 있습니다－에 의해 손이 잘리고 말았습니다. 워낙 깊은 산속이어서 의사가 뒤늦게 느닷없이 도착하였지만 지나친 출혈로 소년은 끝내 목숨을 잃고 맙니다. 이 소년의 죽음이 더욱 가슴 아픈 이유는 겨우 "반 시간"의 휴식을 소중하게 여기던 소년이 앞으로 창창한 시간들을 한꺼번에 잃고 말았다는 사실 때문입니다. 어리지만 어른의 몫을 하던 소년, 그래서 밝은 미래를 약속 받을 수도 있던 소년에게 이제 "세울 것이 없기"(No more to build on there") 때문인 것입니다. 하지만 소년의 안타까운 죽음에도 불구하고 주위의 다른 사람들은 "죽은 이가 아니기에" 각자 제 볼일로 돌아가고 말았던 것입니다.

위와 같이 시인은 한 소년의 때이른 죽음을 통하여 우리에게 안타깝지만 부인할 수 없는 삶의 진실을 한 가지 전해주고 있습니다. 그 진실이란 "한 개인의 비극적 죽음에도 불구하고 세상은 어김없이 돌아간다"는 것입니다. 비정하지만 이것이 바로 엄연한 삶의 진실입니다. 그런데 이 시에서 우리는 제목 "Out, Out－"에 주목할 필요가 있습니다. 시인은 셰익스피어의 4대 비극 가운데 하나인 『맥베쓰』(*Macbeth*)의 제5막 5장에 등장하는 유명한 독백(soliloquy)으로부터 이 제목을 차용하여 이 시의 상황과 견주고 있는 것입니다.

스코틀랜드의 장군 Macbeth가 전왕을 시해하고 왕위를 찬탈하였다는 사실이 백일하에 드러나고, 당시 그가 살해하려다 실패한 Macduff에 의해 궁지에 몰리게 되자 Macbeth의 아내는 스스로 목숨을 끊고 맙니다. Macbeth는 "그녀는 더 나중에 죽어야 했다"(She should have died hereafter)는 말과 함께 다음과 같이 유명한 독백을 읊조립니다.

To-morrow, and to-morrow, and to-morrow,
Creeps in this petty pace from day to day,
To the last syllable of recorded time;
And all our yesterdays have lighted fools
The way to dusty death. **Out, out**, brief candle!
Life's but a walking shadow; a poor player,
That struts and frets his hour upon the stage,
And then is heard no more: it is a tale
Told by an idiot, full of sound and fury,
Signifying nothing.

내일이 오고, 또 내일이 오고, 또 내일이 와서,
나날이 시간의 기록 최후의 순간까지
한 걸음 한 걸음 기어가고;
우리의 모든 어제의 나날들은 어리석은 자들이 티끌로
들아가는 죽음의 길을 비춰준다. **꺼져라, 꺼져라,** 짧은 촛불이여!
인생이란 한낱 걸어 걸어가는 그림자, 자기가 맡은
시간을 무대에서 법석대며 활보하다가
시간이 지나면 더 이상 들리지 않는 가련한 배우에 불과한 것.
그것은 바보가 지껄이는 이야기, 소리와 분노로 가득 차 있지만
아무 것도 의미하는 것 없어라.

삶이란 짧은 촛불처럼 스스로를 소진시키며 어둠, 곧 죽음으로 진행하는 과정, 그것도 언제든 꺼질 수 있는 불안한 과정에 불과하다는 것입니다. 그리고 인간은 삶이란 연극무대에서 소란스럽게 허

둥거리다가 맡은 역을 끝마치고 마는 가련한 배우에 불과합니다. 끝부분의 "sound and fury"는 미국 소설가 William Faulkner의 소설 제목으로 차용되기도 하였습니다.

결론적으로 Frost는 부인의 때이른 죽음(premature death)으로부터 비롯된 Macbeth의 독백에서 "Out, out"을 빌어와, 소년의 때이른 죽음을 다루는 이 시의 제목으로 삼았고, 그 인유를 통하여 삶의 무상함을 강조하고 있는 것입니다.

2. 어조 (tone)

일반적으로 어조(語調)란 말의 억양을 통하여 화자의 태도를 전달하는 수단입니다. 또 같은 말이라도 그것을 어떠한 억양으로 전달하느냐에 따라 말하는 이의 태도가 드러납니다. 예를 들어 "I am going to get married today"라는 말은 어떻게 발화하느냐에 따라 결혼에 대한 화자의 태도가 드러납니다. 그러나 고약하게도 말이 아니라 글 속에서, 그것도 시에서 화자나 시인의 태도를 알아내는 것은 여간 어려운 일이 아닙니다. 하지만 시를 깊이 있게 이해하기 위해서는 반드시 알아두어야 것이 바로 어조이기도 합니다.

우리가 앞에서 공부한 적이 있는 미국의 여류 시인 Emily Dickinson의 "Apparently with No Surprise"를 예로 들어 시의 어조에 대하여 자세히 알아보겠습니다.

Apparently with no surprise
To any happy flower,
The frost beheads it at its play
In accidental power.

The blond assassin passes on,
The Sun proceeds unmoved
To measure off another day
For an approving God.

행복한 꽃에게
놀라는 기색 하나 없이
우연한 힘으로
서리는 즐거이 놀고 있는 꽃의 목을 자른다.

금발의 암살자는 지나가고,
태양은 태연하게 행진하며
용인하는 신을 위해
또 하루를 구획한다.

기쁘게 흔들리던 "행복한 꽃"을 갑자기 시들게 한 서리를 화자는 "금발의 암살자"에 비유합니다. 일반적으로 "blond"는 순진과 아름다움을 함축하는 낱말로서 무시무시한 "암살자"의 형용사로는 어울리지 않습니다. 금발의 미인이 암살자라니, 일종의 상황의 아이러니인 것입니다. 이처럼 꽃에게 끔찍한 일이 발생하였는데도 불구하고 태양은 "태연하게"(unmoved) 나아가고, 이 태양의 움직임에 의해 또 하루가 지나갑니다. 그런데 이 모든 상황을 신은 용인하고("approving") 있습니다. 언뜻 보면 별다른 의미가 없을 것 같은 단순한 시로 보이지만 자세히 들여다 보면 이 풍경을 바라보는 화자가 느끼는 두려움을 발견할 수 있습니다.

본래 신은 만물을 창조한 존재로서 자연을 구성하는 미물 하나에도 자애로운(benevolent) 분이라 믿어지고 있습니다. 그러나 신이 창조한 꽃 한 송이가 서리의 기습으로 생명을 빼앗겼음에도 불구하고 태연하게 시간은 진행될 뿐만 아니라, 이 모든 것을 신은 용인하고 있다는 사실에 화자는 두려움을 느끼고 있는 것입니다. 화자의 예상과는 다른 상황이 전개되기 때문입니다(또 다른 상황의 아이러니입니다). 즉 그 두려움은 "내가 혹시 비참하게 죽더라도 세상은 태연자약하게 전과 다름없이 돌아가리라"는 인식에서 비롯되는 것입니다. 나아가 이 두려움은 우주의 섭리에 대한 근본적 의구심, "만일 그것이 신의 뜻이라면 신은 과연 자애로운 존재인가"라는 근원적 질문으로 이어집니다. 이처럼 이 시는 아이러니를 통하여, 이 상황을 바라보는 화자의 공포와 회의를 보여주는데 이 화자의 태도가 바로 어조(tone)입니다.

다음은 Robert Frost의 시 "Stopping by Woods on a Snowy Evening"입니다.

> Whose woods these are I think I know.
> His house is in the village though;
> He will not see me stopping here

To watch his woods fill up with snow.

My little horse must think it queer
To stop without a farmhouse near
Between the woods and frozen lake
The darkest evening of the year.

He gives his harness bells a shake
To ask if there is some mistake.
The only other sound's the sweep
Of easy wind and downy flake.

The woods are lovely, dark and deep,
But I have promises to keep,
And miles to go before I sleep,
And miles to go before I sleep.

이 숲의 주인을 나는 알 것 같다
그러나 그의 집은 마을에 있어
자기 숲에 쌓이는 눈을
나 여기서 바라봄을 그는 모르리.

나의 작은 말은 이상하게 생각하리라
근처에 농가도 없는 곳에 멈추어 선 나를
한 해의 가장 어두운 저녁
숲과 얼어붙은 호수 사이에.

그는 마구에 달린 방울을 한 번 흔든다
무슨 일이 있느냐는 듯이.
그 외에 나는 것은
느슨한 바람 따라 눈송이 쓸리는 소리뿐.

숲은 아름답고 어둡고 깊다,
허나 지켜야 할 약속이 있고
잠들기 전 몇 마일을 가야만 한다
잠들기 전 몇 마일을 가야만 한다.

눈이 내리는 겨울 저녁 말을 타고 근처를 지나가던 화자가 눈이 쌓여가는 숲의 아름다움에 도취된 나머지 멈추어 선 채 숲을 바라봅니다. 그러나 숲이 아무리 아름답더라도 화자에게는 "지켜야 할 약속"이 있으므로 "잠들기 전 몇 마일을" 더 가야 하는 것입니다. 여기서 우리가 주목하여야 할 것은 숲으로 들어가 그 아름다움을 감상하지 않고 약속 때문에 그 자리를 떠나려 하는 화자에 대한 시인의 태도입니다. 즉 시인은 이 화자를 긍정적으로 보고 있느냐, 아니면 부정적으로 보고 있느냐 하는 것입니다.

이 시에는 화자 이외에 숲의 주인과 화자가 타고 가던 말이 등장합니다. 시인의 화자에 대한 태도는 이들과의 비교를 통하여 드러납니다. 숲의 주인은 마을에 살고 있기 때문에 이 시간에 숲에 눈이 쌓여가는 아름다운 장면을 감상하지 못하고 있습니다. 방치한 채 땅값이 오르기만을 기다리는 일종의 부재 지주일지도 모를 일입니다. 반면에 화자는 우연히 지나다가 이 아름다움에 도취되어 약속이 있음에도 불구하고 그 광경을 지켜봅니다. 갈 길이 바쁘지만 아름다움을 느낄 감수성이 있는 사람과, 소유하고는 있지만 정작 그 아름다움을 누리지 못하는 사람, 과연 누가 진정한 숲의 주인이겠습니까?

화자가 타고 가던 말 역시 주인이 가다가 멈추어 서는 이유를 이해하지 못하고 있습니다. 눈은 내리고 갈 길도 먼데 인적도 없는 곳에 멈추어서는 것이 실질적으로 도움이 되지 않기 때문입니다. 단순히 동물이어서가 아니라 말의 반응은 습관과 타성에 젖은 태도를 상징한다고 보아도 될 것입니다. 이처럼 실질적인 이해타산에 집착하는 숲의 주인과 말, 그리고 아름다움을 느낄 수 있는 감수성의 소유자인 화자를 대조함으로써 시인은 화자에게 긍정적인 시선을 던지고 있습니다. 하지만 화자 역시 그곳에 오래 머물지는 못합니다. 지켜야 할 약속이 있기 때문입니다. 여기서 우리는 시인이 "businesses to attend to"나 "money to make" 대신 "promises to keep"이라는 표현을 사용했다는 사실에 주목할 필요가 있습니다. 만일 전자를 선택하였다면 화자는 숲의 주인이나 말과 크게 다를 바가 없는 존재가 되고 맙니다. 반면에 "지켜야 할 약속"은 단지 실질적, 실리적 차원에 머물지 않고 윤리적, 도덕적 의미까지를 포괄하는 표현입니다. 이처럼 시인은 대조와 어휘의 선택을 통하여 화자의 행위에 긍정적인 태도 곧 어조를 보여주고 있는 것입니다.

제6장

영시의 기본 요소 5

영시의 종류

지금까지는 시를 이해하고 감상하는 데 필요한 시의 기본 요소들을 살펴보았습니다. 이 장에서는 영시의 종류에 대하여 알아보고 아울러 시의 음악성에 대한 기본적인 사실들을 살펴봄으로써 영시에 대한 공부를 마무리하도록 하겠습니다.

시는 크게 나누어서 이야기가 있는 시(narrative poetry)와 이야기가 없는 시(non-narrative poetry)로 구분해 볼 수 있습니다. 이 가운데 narrative poetry은 크게 민요(popular ballad)와 서사시(epic)로 나누어 질 수 있습니다. 이야기가 없는 시의 대표적인 유형은 서정시(lyric)입니다. 예를 통해 각각의 종류에 대하여 보다 구체적으로 알아보겠습니다.

1. 이야기가 있는 시 (Narrative poetry)

(1) 민요 (Popular ballad)

민요는 이야기가 담겨있다는 것 이외에 구전되는(orally transmitted) 특징을 갖고 있습니다. 현존하는 영국의 민요는 시기적으로 1350년경에서 1550년경에 이르기까지 약 200년간 쓰여진, 정확하게는 불리어진 것들입니다. 다음은 "Sir Patrick Spens"라는 제목의 민요로서 그 가운데 처음 3연을 소개합니다.

The King sits in Dunfermline town,
Drinking the blood-red wine;
"O where shall I get a skeely skipper *skillful
To sail this ship of mine?"

Then up and spake* an eldern** knight, *speaks **elderly
Sat at the King's right knee:
"Sir Patrick Spens is the best sailor
That ever sailed the sea."

The king has written a braid* letter, *broad
And sealed it with his hand,
And sent it to Sir Patrick Spens,
Was walking on the sand.

이 민요는 13세기 말 스코틀랜드의 왕 Alexander 3세의 딸 Margaret 공주가 노르웨이로 시집을 가게 되어 Patrick Spens를 위시한 경호대가 그녀를 호송하고 돌아오는 길에 배가 난파된다는 역사적 사실을 소재로 하고 있습니다. 인용된 부분은 왕이 공주를 호송할 뛰어난 뱃사람을 찾자 한 나이든 기사가 Sir Patrick Spens를 천거하고, 이에 왕이 손수 편지를 써 그에게 보낸다는 내용을 담고 있습니다.

여기서 우리가 주목할 것은 이 시의 형태적 특징입니다. 이 시에서처럼 민요의 연은, 보통 4행(quatrain)으로 구성되며 제2행과 4행이 각운(rhyme)—wine/mine, knee/sea, hand/sand—을 이루고 있는 ballad stanza가 기본입니다. 또한 민요에는 이 시에서와 같이 "blood-red wine"(피처럼 붉은 포도주)이나 "milk-white steed"(우유처럼 흰 말) 같은 상투적 묘사법(stock descriptive phrases)이 자주 등장합니다. 또한 ballad에는 폭력적이고 외설적인 소재들이 자주 다루어지기도 합니다.

참고로 stanza의 종류를 알아보면 다음과 같습니다.

① Two-line stanza: couplet
② three-line stanza: tercet, triplet
③ four-line stanza: quatrain
④ five-line stanza: quintet
⑤ six-line stanza: sestet
⑥ seven-line stanza: rime royal
⑦ eight-line stanza: ottava rima

(2) 서사시 (Epic)

서사시는 흔히 영웅시(heroic poem)라고 불리는 사실에서도 알 수 있듯이 전쟁과 영웅들의 무용담 따위의 소재를 장중한 문체(grand style)로 이야기하는 시의 형태로서, 그 기원은 트로이 전쟁을 소재로 한 Homer의 *Iliad*와, Ulysses의 모험을 다룬 *Odyssey*로 거슬러 올라갑니다. 그 소재와 문체상의 특징을 살펴보면 다음과 같습니다.

① The hero is the figure of great national or even cosmic importance: Achilles in *Iliad*, Adam (representing the entire human race) in *Paradise Lost*.

② The setting of the poem is ample in scale, and may be worldwide, or even larger: Odysseus wandering over the Mediterranean basin.

③ The action involves superhuman deeds in battle, such as Achilles' feats in the Trojan War, or a long and arduous journey intrepidly accomplished, such as the wandering of Odysseus on his way back to his homeland, despite the opposition of some the gods.

④ In these great actions the gods and other supernatural beings take an interest or an active part: the Olympian gods in Homer, and Jehovah, Christ, and the angels in *Paradise Lost*.

⑤ An epic poem is a ceremonial performance, and is narrated in a ceremonial style which is deliberately distanced from ordinary speech and proportioned to the grandeur and formality of the heroic subject and epic architecture.

첫째, 『일리어드』의 아킬레스나 『실락원』의 아담처럼 한 나라나 우주 전체에 큰 중요성을 지닌 인물이 주인공으로 등장합니다.

둘째, 지중해를 항해하는 오디세우스—율리시즈—처럼 인물들의 행동 반경이 매우 넓습니다.

셋째, 트로이 전쟁에서 아킬레스의 활약이 그러하듯이 인물의 행동이 인간을 뛰어넘는 초인적인 경지를 보여줍니다.

넷째, 이야기의 진행에 신들이 개입하여 일정한 역할을 수행합니다.

다섯째, 영웅들의 무용담을 다루는 만큼 일상의 언어와는 다른 장중하고 격식을 갖춘 문체를 보여줍니다.

영시에서 가장 대표적인 서사시로는 17세기 영국의 청교도 시인 John Milton(1608-1674)의 *Paradise Lost*를 들 수 있습니다. 모두 12권으로 이루어진 이 방대한 서사시는 원래 천사장이었던 Satan이 하느님에게 반기를 들어 추방되는 이야기를 시작으로, 이에 복수하기 위하여 Satan이 the Garden of Eden에서 Adam과 Eve를 유혹하고, 결국 이들이 하느님의 명령을 어김으로써 추방된다는 이야기 등을 담고 있습니다. Milton은 이러한 내용을 무운시(blank verse)를 통해 전개하여 나갑니다. 무운시란 각각의 행(line)이 영시의 가장 기본적인 율격인 약강 5보격(iambic pentameter)으로 이루어지며 각운이 없는 형태를 가리킵니다.

이야기를 담고 있는 영웅서사시는 점차 그 역할을 소설에 물려주었고 지금은 거의 활용되지 않는 장르가 되었지만 간혹 이 형식을 부분적으로 차용하는 작품들이 있기도 합니다. 그 가운데 의사 영웅시(mock-heroic poem)라는 것이 있는데, 이는 형식과 문체는 영웅서사시의 것을 차용하되 그 소재는 영웅의 무용담과는 전혀 다른 것을 취함으로써, 다루어지는 내용을 풍자하는 시의 형태를 말합니다. 다음은 현대 영국시인－원래는 미국 태생이나 영국으로 귀화하였습니다－T. S. Eliot(1888-1965)의 『황무지』(*The Waste Land*)의 일부분입니다.

The time is now propitious, as he guesses,
The meal is ended, she is bored and tired,
Endeavours to engage her in caresses
Which still are unreproved, if undesired.
Flushed and decided, he assaults at once;
Exploring hands encounter no defence;
His vanity requires no response,
And makes a welcome of indifference.

남자의 추측대로 이제 때가 무르익었다,
식사는 끝나고, 여자는 나른하고 고단하다,
애무로 그녀를 끌어들이려 하니,
별 생각은 없으나 나무라지도 않는다.
얼굴이 벌개져 결심을 굳히고 남자는 단숨에 공격한다;
더듬는 손길은 저항을 받지 않는다;

남자의 허영심은 반응을 요구하지 않으며,
무관심을 환영이라 생각한다.

이 대목은 여드름 투성이의 한 남자가 타이피스트인 여자 친구의 집을 방문하여 그녀와 정사를 벌이는 장면을 묘사합니다. "decided," "assaults," "defence" 등의 어휘 선택이나 guesses/caresses, tired/undesired, once/response, defence/indifference 등의 각운 등은 흔히 영웅서사시에서 사용하는 것으로서 마치 대단한 전투장면을 연상시킵니다만, 실제로 벌어지는 것은 아무런 애정이 개입되지 않고 무미건조하기 이를 데 없는 남녀의 정사 장면입니다. 이처럼 시인은 영웅서사시를 흉내 낸 문체로 비속한 내용을 담아냄으로써 사랑이 부재하는 현대인의 성풍속을 풍자하고 있는 것입니다.

참고로 시의 리듬을 구성하는 요소에 대해서도 간략하게 알아봅니다. 음악과 마찬가지로 시에서도 규칙적으로 반복되는 강세(stress)의 pattern을 통해 리듬이 만들어집니다. 이처럼 시의 리듬을 구성하는 가장 기본적인 요소는 보격(foot)과 율격(meter)입니다.

A. 보격이란 강한 강세(strong stress)와 이에 수반되는 약한 강세 또는 강세들(week stress or stresses)이 결합된 형태를 가리킵니다. 다음은 보격의 종류들입니다.

① iambus: 약강
② anapest: 약약강
③ trochee: 강약

④ dactyl: 강약약
⑤ spondee: 강강

이 가운데 가장 대표적인 보격은 iambus입니다. 다음은 18세기 영국 시인 Thomas Gray(1716-1771)의 "The Elegy Written in a Country Churchyard"의 첫 행입니다.

The curfew tolls the knell of parting day

이 행은 모두 10개의 음절로 이루어져있습니다. 대부분의 기능어(functional word)가 그렇듯이 첫 음절의 정관사 "The"에는 약한 강세가 주어지고 이어서 "curfew"의 앞 음절에 강한 강세가, 두 번째 음절에 약한 강세가 주어집니다. "tolls"에는 강한 강세가, "the"에는 약한 강세가 주어지며 이어서 "knell"은 강한 강세를 부여하고 전치사 "of"는 약음절이 됩니다. 그렇다면 "parting"의 앞 음절이 강한 강세를 받을 테고 두 번째 음절은 약화되며 마지막 어휘인 "day"에 강세가 주어집니다. 이처럼 이 행에는 약강(iambus)의 강세 패턴이 다섯 차례 반복되어 나타나는데 이를 약강 5보격(iambic pentameter)라고 하는 것입니다.

B. 율격(meter)이란 보격(foot)이 한 행에서 규칙적으로 반복됨으로써 만들어지는 강세 패턴을 말합니다. 한 개의 보격이 한 행에서 한차례 반복되면 monometer, 두 차례 규칙적으로 반복되면 dimeter라 부릅니다. trimeter, tetrameter, pentameter, hexameter, heptameter, octameter는 각각 3, 4, 5, 6, 7, 8 차례 반복되는 강세 패턴을 말합니다. 이 가운데 영시에서 가장 보편적인 율격은 앞에서 말했듯이 약강의 보격이 한 행에서 다섯 차례 반복되는 iambic pentameter입니다.

2. 이야기가 없는 시 (Non-narrative poetry)

이야기가 들어있지 않은 시 가운데 대표적인 것은 서정시입니다. 우리가 제2장에서 제5장까지 주로 다룬 것 역시 서정시들입니다. 서정시란 말 그대로 시인이나 화자가 자신의 생각과 감정을 표현하는 시의 종류로서 서사시 등에 비하여 길이가 짧습니다. 이 가운데 우리가 한 가지 공부해두어야 할 서정시의 한 종류로서 sonnet이 있는데, 이 sonnet에 대하여 구체적으로 알아보면서 영시에 대한 공부를 마무리 짓도록 하겠습니다.

sonnet이란 각 행이 iambic pentameter로 이루어진 14행짜리 한 연으로 된 서정시를 말합니다. sonnet의 원산지는 본래 Italy로서 14세기에 페트라르카(Petrarch)에 의해 크게 번성한 양식입니다. 흔히 Petrarchan sonnet 또는 Italian sonnet이라 불리는 이 원조 sonnet은 주로 남녀의 사랑을 다루며, 아름답지만 쌀쌀 맞은 여인을 상대로 한 남자가 격정을 토로하고 하소연을 전하는 내용으로 이루어집니다. 그리고 거의 예외 없이 여인의 아름다움은 이상화되고 있습니다. 이 원조 sonnet이 영국에 도입된 것은 16세기로서 이태리 등 유럽대륙에서 외교관으로 근무하던 사람—동서양을 막론하고 벼슬

하던 사람들은 대개 시문(詩文)에 능했습니다 — 들이었습니다.

영국에 수입된 sonnet은 크게 두 가지 방향으로 전개됩니다. 하나는 Italian sonnet의 특징을 수용하는 형태로, 또 하나는 나름대로 영어의 운율체계 등에 맞게 토착화된 형태로 발전되는데 후자를 English sonnet이라 부릅니다. 이처럼 그 기원이 Italy인 sonnet을 영시의 괄목할 만한 하나의 전통으로 토착화하는데 크게 기여한 사람이 극작가 William Shakespeare이며, 따라서 English sonnet을 Shakespearean sonnet이라 부르기도 합니다.

Italian sonnet과 English sonnet은 무엇보다도 압운구조(rhyme scheme)에서 큰 차이를 보여줍니다. 전자는 보통 abba abba의 압운체계로 이루어진 전반 8행(octave)과 cdc cdc (dcd)의 압운 체계을 갖는 후반 6행(sestet)으로 구성됩니다. 주로 octave에서는 시의 기본적 상황이 제시되고 나머지 sestet에서는 이에 대한 시인의 감정이나 생각이 전개됩니다. 16세기 영국에서 활발하게 창작되었던 Italian sonnet은 그 후에도 꾸준히 활용되었는데 다음에 살펴볼 영국 낭만주의 시인 John Keats의 "On First Looking into Chapman's Homer"는 비록 19세기의 작품이지만 Italian sonnet의 특징을 충실히 따르고 있습니다.

Much have I travell'd in the realms of gold, (a)
　　And many goodly states and kingdoms seen; (b)
　　Round many western islands have I been (b)
Which bards in fealty to Apollo hold. (a)
Oft of one wide expanse had I been told (a)

That deep-brow'd Homer ruled as his demesne; (b)
Yet did I never breathe its pure serene (b)
Till I heard Chapman speak out loud and bold: (a)
Then felt I like some watcher of the skies (c)
When a new planet swims into his ken; (d)
Or like stout Cortez when with eagle eyes (c)
He star'd at the Pacific－and all his men (d)
Look'd at each other with a wild surmise-- (c)
Silent, upon a peak in Darien. (d)

황금의 영토를 나는 많이 여행했고
많은 훌륭한 나라와 왕국을 보았다.
시인들이 충성하여 아폴로 신에게 바치는
많은 서쪽 섬들도 돌아 다녔다.
종종 이마가 훤한 호머가 자기 영토로 다스렸던
한 넓은 땅 이야기를 들은 적도 있다.
하지만 내 일찍이 그곳의 청명한 공기를 마셔본 적이 없었다.
채프먼이 큰소리로 과감하게 말하는 것을 들을 때까지는:
그때 나는 느꼈다, 새로운 행성이 하나 시야로
헤엄쳐 들어올 때 하늘을 바라본 이처럼;
또는 독수리 눈으로 태평양을 응시하는
위풍당당한 코르테즈처럼－부하들이 모두
억측에 휩싸여 서로를 바라볼 때,
말 없이 다리엔의 봉우리에 서서.

이 시는 그리스 시인 Homer의 서사시 *Iliad*를 George Chapman이 1611년에 영어로 번역한 작품을 처음 접하고 나서 시인이 그 때 받은 충격과 감동을 표현하고 있습니다. abba abba, cdc dcd라는 Italian sonnet의 전형적 rhyme scheme을 따르고 있으며, octave에서는 자신의 문학적 섭렵을 영토의 탐험에 비유하고 이어서 sestet에서는 Chapman의 번역으로 Homer의 작품을 처음 읽었을 때의 감동을 다루고 있습니다. 그 감동은 하늘에서 새로운 행성을 발견했을 때의 그것에 비교되고, 나아가 스페인의 정복자 Cortez가 ― 사실은 Balboa인데 Keats가 착각했다는 것이 정설입니다 ― Panama의 Darien산 봉우리에서 태평양을 처음 바라봤을 때의 경이감에 견주고 있습니다.

반면에 English sonnet은 abab, cdcd, efef의 압운체계를 갖는 3개의 quatrain과 gg의 압운으로 종결되는 한 개의 couplet으로 구성됩니다. 3개의 quatrain에서 시의 기본적 상황이 조금씩 변주되면서 전개되고, 마지막 couplet에서는 결론이 내려집니다. 다음은 모두 154편의 sonnet을 남긴 셰익스피어의 제130번 작품으로서 이러한 전형적인 English sonnet의 특징을 잘 보여줍니다.

My mistress' eyes are nothing like the sun; (a)
Coral is far more red than her lips' red: (b)
If snow be white, why then her breasts are dun; (a)
If hairs be wires, black wires grow on her head. (b)
I have seen roses damask'd, red and white, (c)
But no such roses see I in her cheeks; (d)

And in some perfumes is there more delight (c)
Than in the breath that from my mistress reeks. (d)
I love to hear her speak,--yet well I know (e)
That music hath a far more pleasing sound; (f)
I grant I never saw a goddess go, (e)
My mistress when she walks, treads on the ground; (f)
And yet, by heaven, I think my love as rare (g)
As any she belied with false compare. (g)

내 애인의 눈은 조금도 태양을 닮지 않았네;
산호가 그녀의 붉은 입술보다 한결 더 붉고;
눈이 희다면 어째서 그녀 가슴은 암갈색일까;
머리칼이 금줄이라면 그녀의 머리에는 까만 쇠줄이 자라지;
붉은 색과 흰색이 섞인 장미는 보았지만,
그녀의 뺨에서 그런 장미는 정작 보지 못했네;
어떤 향수에서는 내 애인의 입 냄새 보다는
더 좋은 향기가 나는구나.
그녀의 목소리를 사랑하지만 음악 소리가
훨씬 즐겁다는 것을 나는 잘 알지.
여신의 걸음거리를 본 적은 없지만,
내 애인은 걸을 때 땅을 밟더군.
하지만, 하늘에 맹세코 내 애인은 거짓 비유로
꾸며진 그 어느 여인 보다도 귀하다네.

앞에서 언급하였듯이 Petrarchan sonnet에서는 흔히 여인의 아름다움이 이상화됩니다. 궁지에 몰려있는 남성 화자가 온갖 미사여구를 동원하여 여인의 환심을 사야 하기 때문입니다. 그래서 흔히 여인의 눈은 태양에, 붉은 입술은 산호초에, 피부는 흰 눈에, 머리칼은 금실타래에, 뺨은 장미에 비유됩니다. 뿐만 아니라 입에서는 늘 향기가 풍겨 나오고 목소리는 음악처럼 달콤하며 걸음거리 또한 여신의 그것을 연상시킨다는 것입니다. 그러나 시인은 이와 같은 페트라르크카 풍의 관행 (Petrarchan convention)을 대표하는 상투적 비유가 모두 현실성이 없는 가짜라고 비아냥거립니다. 우리 애인은 전혀 그렇지 않지만 "거짓 비유로 꾸며진 어느 여인보다도 귀하다"고 함으로써 시인은 당대의 문학적 인습을 조롱하고 있습니다.

셰익스피어는 당대 최고의 극작가였지만 시인으로도 높이 평가받을 수 있는 위대한 작가입니다. 그는 150여 편의 주옥같은 sonnet을 남겼는데 그 가운데에서도 널리 읽히는 작품이 60번 작품입니다. 흔히 "Like as the waves"로 제목이 붙여진 이 sonnet을 한 편 더 읽어보겠습니다. 이 작품은 인간의 성장과 파멸을 동시에 가져오는 시간의 양면성을 다루며 시간과 시(예술)의 관계를 취급합니다. 시간의 움직임을 파도에 빗댄 비유법이 인상적인 작품입니다.

Like as the waves make towards the pebbled shore,
So do our minutes hasten to their end;
Each changing place with that which goes before,
In sequent toil all forwards do contend.

Nativity*, once in the main of light, *birth
Crawls to maturity, wherewith being crown'd,
Crooked eclipses 'gainst his glory fight,
And Time that gave doth now his gift confound.
Time doth transfix the flourish* set on youth *ornament
And delves the parallels in beauty's brow,
Feeds on the rarities* of nature's truth, *rare things
And nothing stands but for his scythe to mow:
    And yet to times in hope, my verse shall stand
    Praising thy worth, despite his cruel hand.

이것으로 영시에 대한 공부를 마치도록 하겠습니다. 아마 처음 접하는 것이라서 많이 어려웠을 줄로 생각됩니다. 하지만 새로운 경험은 즐거움을 수반하는 경우가 많습니다. 영시와의 새로운 만남이 지속적인 관심과 사랑으로 이어지기를 기대해봅니다. 이 장의 부록에 조금 더 읽어둘만한 시들을 첨부하여 수록합니다. 그동안 익힌 시의 이해와 분석의 방법을 적용하여 감상해보기 바랍니다.

더 읽어둘 시작품

A Valediction: Forbidding Mourning

John Donne

As virtuous men pass mildly away,
　　And whisper to their souls to go,
Whilst some of their sad friends do say
　　The breath goes now, and some say, no:

So let us melt, and make no noise,
　　No tear-floods, nor sigh-tempests move;
'Twere profanation of our joys
　　To tell the laity* our love. 　　*laymen(평민, 속인)

Moving of th' earth brings harms and fears,
　　Men reckon what it did, and meant;
But trepidation* of the spheres, 　　*trembling
　　Though greater far, is innocent.

Dull sublunary lovers' love
　　(Whose soul is sense) cannot admit
Absence, because it doth remove
　　Those things which elemented* it. 　　*composed

But we by a love so much refined,
    That our selves know not what it is,
Inter-assured of the mind,
    Care less, eyes, lips, and hands to miss.

Our two souls therefore, which are one,
    Though I must go, endure not yet
A breach, but an expansion,
    Like gold to airy thinness beat.

If they be two, they are two so
    As stiff twin compasses are two;
Thy soul, the fixed foot, makes no show
    To move, but doth, if the other do.

And though it in the center sit,
    Yet when the other far doth roam,
It leans and hearkens* after it,
    And grows erect, as that comes home.

*listens

Such wilt thou be to me, who must,
    Like th' other foot, obliquely run;
Thy firmness makes my circle just,
    And makes me end where I begun.

Questions

1. What is the motivation of the speaker in this "valediction"?
2. Find and explain three similes and one metaphor used to describe the parting of true lovers.

To his Coy Mistress

Andrew Marvell (1621-1678)

Had we but world enough, and time,
This coyness, lady, were no crime.
We would sit down and think which way
To walk, and pass our long love's day;
Thou by the Indian Ganges' side
Shouldst rubies find; I by the tide
Of Humber* would complain. I would
Love you ten years before the Flood*;
And you should, if you please, refuse
Till the conversion of the Jews.
My vegetable love should grow
Vaster than empires, and more slow.
An hundred years should go to praise
Thine eyes, and on thy forehead gaze;
Two hundred to adore each breast,
But thirty thousand to the rest;
An age at least to every part,
And the last age should show your heart.
For, lady, you deserve this state,
Nor would I love at lower rate.

But at my back I always hear
Time's winged chariot hurrying near;
And yonder all before us lie

*a river in northeast-central England

*Flood in the Bible

Deserts of vast eternity.
Thy beauty shall no more be found,
Nor, in thy marble vault, shall sound
My echoing song; then worms shall try
That long preserv'd virginity,
And your quaint honour turn to dust,
And into ashes all my lust.
The grave's a fine and private place,
But none I think do there embrace.

Now therefore, while the youthful hue
Sits on thy skin like morning dew,
And while thy willing soul transpires* *gives off
At every pore with instant fires,
Now let us sport us while we may;
And now, like amorous birds of prey,
Rather at once our time devour,
Than languish in his slow-chapp'd* power. *slowly withering
Let us roll all our strength, and all
Our sweetness, up into one ball;
And tear our pleasures with rough strife
Thorough* the iron gates of life. *through
Thus, though we cannot make our sun
Stand still, yet we will make him run.

Questions

1. What is the speaker urging his "coy" lover to do?
2. Explain the last two lines. What does the "sun" stand for?

Ozymandias

Percy Bysshe Shelley (1792-1822)

I met a traveller from an antique land,
Who said: Two vast and trunkless legs of stone
Stand in the desert. . . . Near them, on the sand,
Half sunk a shattered visage lies, whose frown,
And wrinkled lip, and sneer of cold command,
Tell that its sculptor well those passions read
Which yet survive, stamped on these lifeless things,
The hand that mocked them, and the heart that fed;
And on the pedestal, these words appear:
"My name is Ozymandias, king of kings;
Look on my Works, ye Mighty, and despair!"
Nothing beside remains. Round the decay
Of that colossal Wreck, boundless and bare
The lone and level sands stretch far away.

Questions

1. Ozymandias was an ancient Egyptian tyrant (another name for Ramesses the Great, Pharaoh of the nineteenth dynasty of ancient Egypt). Of what is Ozymandias a symbol?
2. What is the theme of the poem and how is it stated?

My Last Duchess

Robert Browning

Ferrara

That's my last Duchess painted on the wall,
Looking as if she were alive. I call
That piece a wonder, now: Frà Pandolf's hands
Worked busily a day, and there she stands.
Will't* please you sit and look at her? I said *Will you
"Fra Pandolf" by design, for never read
Strangers like you that pictured countenance,
The depth and passion of its earnest glance,
But to myself they turned (since none puts by
The curtain I have drawn for you, but I)
And seemed as they would ask me, if they durst,
How such a glance came there; so, not the first
Are you to turn and ask thus. Sir, 'twas not
Her husband's presence only, called that spot
Of joy into the Duchess' cheek: perhaps
Frà Pandolf chanced to say, "Her mantle laps
Over my lady's wrist too much," or "Paint
Must never hope to reproduce the faint
Half-flush that dies along her throat:" Such stuff
Was courtesy, she thought, and cause enough
For calling up that spot of joy. She had

A heart -- how shall I say? -- too soon made glad,
Too easily impressed; she liked whate'er
She looked on, and her looks went everywhere.
Sir, 'twas all one! My favour at her breast,
The dropping of the daylight in the West,
The bough of cherries some officious fool
Broke in the orchard for her, the white mule
She rode with round the terrace -- all and each
Would draw from her alike the approving speech,
Or blush, at least. She thanked men, -- good! but thanked
Somehow -- I know not how -- as if she ranked
My gift of a nine-hundred-years-old name
With anybody's gift. Who'd stoop to blame
This sort of trifling? Even had you skill
In speech -- (which I have not) -- to make your will
Quite clear to such an one, and say, "Just this
Or that in you disgusts me; here you miss,
Or there exceed the mark" -- and if she let
Herself be lessoned so, nor plainly set
Her wits to yours, forsooth*, and made excuse, *indeed
-- E'en then would be some stooping; and I choose
Never to stoop. Oh, sir, she smiled, no doubt,
Whene'er I passed her; but who passed without
Much the same smile? This grew; I gave commands;
Then all smiles stopped together. There she stands
As if alive. Will't please you rise? We'll meet
The company below, then. I repeat,

The Count your master's known munificence* *generosity
Is ample warrant that no just pretence
Of mine for dowry will be disallowed;
Though his fair daughter's self, as I avowed
At starting, is my object. Nay, we'll go
Together down, sir. Notice Neptune, though,
Taming a sea-horse, thought a rarity,
Which Claus of Innsbruck cast in bronze for me!

Questions

1. Ferrara is in Italy. The time is during the Renaissance, probably the 16th century. To whom is the Duke speaking? What is the occasion? Are the Duke's remarks about his last Duchess a digression, or do they have some relation to the business at hand?
2. Characterize the Duke as fully as possible. How does your characterization differ from the Duke's opinion of himself? What kind of irony is this?

The Man He Killed

Thomas Hardy (1840-1928)

Had he and I but met
By some old ancient inn,
We should have set us down to wet
Right many a nipperkin*! *half-pint cup

But ranged as infantry,
And staring face to face,
I shot at him as he at me,
And killed him in his place.

I shot him dead because--
Because he was my foe,
Just so: my foe of course he was;
That's clear enough; although

He thought he'd 'list*, perhaps, *enlist
Off-hand-like*--just as I-- *without deep thought
Was out of work--had sold his traps*-- *belongings
No other reason why.

Yes; quaint and curious war is!
You shoot a fellow down
You'd treat, if met where any bar is,
Or help to half a crown.

Questions

1. In informational prose the repetition of a word like "because" would be an error. What purpose does the repetition serve here? Why does the speaker repeat to himself his "clear" reason for killing a man?
2. What is the theme of this pom?

I Heard a Fly Buzz When I Died

Emily Dickinson

I heard a fly buzz when I died.
The stillness in the room
Was like the stillness in the air
Between the heaves of storm.

The eyes around had wrung them dry,
And breaths were gathering firm
For that last onset when the king
Be witnessed in the room.

I willed my keepsakes, signed away
What portion of me be
Assignable; and then it was
There interposed a fly

With blue, uncertain, stumbling buzz
Between the light and me;
And then the windows failed, and then
I could not see to see.

Questions

1. What or who are the "eyes" and the "breaths" in lines 5-6? What figures of speech are involved in these lines? Is the speaker making out her will in lines lines 9-11? What is she doing?
2. Explain the point of the poem?

God's Grandeur

Gerard Manley Hopkins (1844-1889)

The world is charged with the grandeur of God.
    It will flame out, like shining from shook foil;
    It gathers to a greatness, like the ooze of oil
Crushed. Why do men then now not reck his rod?
Generations have trod, have trod, have trod;
    And all is seared with trade; bleared, smeared with toil;
    And wears man's smudge and shares man's smell: the soil
Is bare now, nor can foot feel, being shod.

And for all this, nature is never spent;
    There lives the dearest freshness deep down things;
And though the last lights off the black West went
    Oh, morning, at the brown brink eastward, springs --
Because the Holy Ghost over the bent
    World broods with warm breast and with ah! bright wings.

Questions

1. What are the ways in which "the grandeur of God" shows up?
2. What figures of speech are used in this poem?
3. What is the theme of this sonnet?

Is My Team Ploughing

A. E. Housman (1859-1936)

"Is my team ploughing,
That I was used to drive
And hear the harness jingle
When I was man alive?"

Ay, the horses trample,
The harness jingles now;
No change though you lie under
The land you used to plough.

"Is football playing
Along the river shore,
With lads to chase the leather,
Now I stand up no more?"

Ay, the ball is flying,
The lads play heart and soul;
The goal stands up, the keeper
Stands up to keep the goal.

"Is my girl happy,
That I thought hard to leave,

And has she tired of weeping
As she lies down at eve?"

Ay, she lies down lightly,
She lies not down to weep:
Your girl is well contented.
Be still, my lad, and sleep.

"Is my friend hearty,
Now I am thin and pine,
And has he found to sleep in
A better bed than mine?"

Yes, lad, I lie easy,
I lie as lads would choose;
I cheer a dead man's sweetheart,
Never ask me whose.

Questions

1. Is Housman cynical in his observation of human nature and human life? What is the point of this poem?
2. The word "sleep" in the concluding stanza suggests three different meanings. What are they?

Mending Wall

Robert Frost

Something there is that doesn't love a wall,
That sends the frozen-ground-swell under it,
And spills the upper boulders in the sun,
And makes gaps even two can pass abreast.
The work of hunters is another thing:
I have come after them and made repair
Where they have left not one stone on a stone,
But they would have the rabbit out of hiding,
To please the yelping dogs. The gaps I mean,
No one has seen them made or heard them made,
But at spring mending-time we find them there.
I let my neighbor know beyond the hill;
And on a day we meet to walk the line
And set the wall between us once again.
We keep the wall between us as we go.
To each the boulders that have fallen to each.
And some are loaves and some so nearly balls
We have to use a spell to make them balance:
"Stay where you are until our backs are turned!"
We wear our fingers rough with handling them.
Oh, just another kind of out-door game,

One on a side. It comes to little more:
There where it is we do not need the wall:
He is all pine and I am apple orchard.
My apple trees will never get across
And eat the cones under his pines, I tell him.
He only says, "Good fences make good neighbors."
Spring is the mischief in me, and I wonder
If I could put a notion in his head:
"Why do they make good neighbors? Isn't it
Where there are cows?
But here there are no cows.
Before I built a wall I'd ask to know
What I was walling in or walling out,
And to whom I was like to give offence.
Something there is that doesn't love a wall,
That wants it down." I could say "Elves" to him,
But it's not elves exactly, and I'd rather
He said it for himself. I see him there
Bringing a stone grasped firmly by the top
In each hand, like an old-stone savage armed.
He moves in darkness as it seems to me,
Not of woods only and the shade of trees.
He will not go behind his father's saying,
And he likes having thought of it so well
He says again, "Good fences make good neighbors."

●◇ Questions

1. Who suggests first that they should mend the wall, the speaker or his neighbor?
2. What does the neighbor mean by saying "Good fences make good neighbors"?
3. Find and explain any irony in this poem.

The Unknown Citizen

(To JS/07/M/378 This marble Monument Is Erected by the State)

W. H. Auden (1907-1973)

He was found by the Bureau of Statistics to be
One against whom there was no official complaint,
And all the reports on his conduct agree
That, in the modern sense of an old-fashioned word, he was a saint,
For in everything he did he served the Greater Community.
Except for the War till the day he retired
He worked in a factory and never got fired,
But satisfied his employers, Fudge Motors Inc.
Yet he wasn't a scab* or odd in his views,   *nonmember in a union
For his Union reports that he paid his dues,
(Our report on his Union shows it was sound),
And our Social Psychology workers found
That he was popular with his mates and liked a drink.

The Press are convinced that he bought a paper every day
And that his reactions to advertisements were normal in every way.
Policies taken out in his name prove that he was fully insured,
And his Health-card shows he was once in hospital but left it cured.
Both Producers Research and High-Grade Living declare
He was fully sensible to the advantages of the Instalment Plan
And had everything necessary to the Modern Man,
A phonograph, a radio, a car and a frigidaire.
Our researchers into Public Opinion are content
That he held the proper opinions for the time of year;
When there was peace, he was for peace: when there was war, he went.
He was married and added five children to the population,
Which our Eugenist says was the right number for a parent of
    his generation.
And our teachers report that he never interfered with their education.
Was he free? Was he happy? The question is absurd:
Had anything been wrong, we should certainly have heard.

Questions

1. Explain the inony in the title. Why was the citizen "unknown"?
2. Give an account of the citizen's life and character from Auden's own point of view.
3. What trends in modern life and social organization does the poem satirize?

Musée des Beaux Arts

W. H. Auden

About suffering they were never wrong,
The old Masters: how well they understood
Its human position: how it takes place
While someone else is eating or opening a window or just walking
    dully along;
How, when the aged are reverently, passionately waiting
For the miraculous birth, there always must be
Children who did not specially want it to happen, skating
On a pond at the edge of the wood:
They never forgot
That even the dreadful martyrdom must run its course
Anyhow in a corner, some untidy spot
Where the dogs go on with their doggy life and the torturer's horse
Scratches its innocent behind on a tree.

In Breughel's *Icarus*, for instance: how everything turns away
Quite leisurely from the disaster; the ploughman may
Have heard the splash, the forsaken cry,
But for him it was not an important failure; the sun shone
As it had to on the white legs disappearing into the green
Water, and the expensive delicate ship that must have seen
Something amazing, a boy falling out of the sky,

Had somewhere to get to and sailed calmly on.

➾ Questions

1. Who are "the old Masters" in line 2? What did they understand "well"?
2. What is the theme of this poem? Does this poem have any relation to Housman's "Is My Team Ploughing"?

Aubade

Philip Larkin (1922-1985)

I work all day, and get half drunk at night.
Waking at four to soundless dark, I stare.
In time the curtain-edges will grow light.
Till then I see what's really always there:
Unresting death, a whole day nearer now,
Making all thought impossible but how
And where and when I shall myself die.
Arid interrogation: yet the dread
Of dying, and being dead,
Flashes afresh to hold and horrify.

The mind blanks at the glare. Not in remorse
-- The good not done, the love not given, time
Torn off unused -- nor wretchedly because

An only life can take so long to climb
Clear of its wrong beginnings, and may never;
But at the total emptiness for ever,
The sure extinction that we travel to
And shall be lost in always. Not to be here,
Not to be anywhere,
And soon; nothing more terrible, nothing more true.

This is a special way of being afraid
No trick dispels. Religion used to try,
That vast, moth-eaten musical brocade
Created to pretend we never die,
And specious stuff that says *No rational being*
Can fear a thing it will not feel, not seeing
That this is what we fear -- no sight, no sound,
No touch or taste or smell, nothing to think with,
Nothing to love or link with,
The anasthetic from which none come round.

And so it stays just on the edge of vision,
A small, unfocused blur, a standing chill
That slows each impulse down to indecision.
Most things may never happen: this one will,
And realization of it rages out
In furnace-fear when we are caught without
People or drink. Courage is no good:
It means not scaring others. Being brave

Lets no one off the grave.
Death is no different whined at than withstood.

Slowly light strengthens, and the room takes shape.
It stands plain as a wardrobe, what we know,
Have always known, know that we can't escape,
Yet can't accept. One side will have to go.
Meanwhile telephones crouch, getting ready to ring
In locked-up offices, and all the uncaring
Intricate rented world begins to rouse.
The sky is white as clay, with no sun.
Work has to be done.
Postmen like doctors go from house to house.

Questions

1. What is the irony in the title of this poem?
2. How does the speaker characterize death?
3. The speaker dismisses courage as a useless remedy for his fear of death. Is he, then, an utter coward? Does he display any kind of courage?

제7장

영미소설의 이해와 분석 1

소설의 정의와 구성요소

1. 소설의 정의

문학 장르 가운데 가장 뒤늦게 탄생한 소설을 세계적으로 권위 있는 Shorter Oxford Dictionary는 다음과 같이 정의 내리고 있습니다.

> A fictitious prose narrative of considerable length in which characters and actions representative of real life are portrayed in a plot of more or less complexity.

이러한 정의에 기초할 때 소설은 다음과 특징을 지닌다고 볼 수 있습니다.

첫째, 소설은 산문의 형태를 갖추고 있습니다.

둘째, 양적인 면에서 소설은 상당한 분량으로 구성되어 있습니다.
셋째, 소설은 이야기 줄거리를 갖추고 있습니다.
넷째, 비록 구체적인 삶에서 그 소재를 빌어오기는 하지만 소설은 작가의 상상력이 빚어낸 허구의 이야기입니다.

2. 소설의 탄생

소설의 정의에서 살펴보았듯이 사실성("characters and actions representative of real life")과 허구성("fictitious")을 공유하는 소설이 영국에서 처음 발표된 것은 18세기 중반 Samuel Richardson (1689-1761)에 의해서 입니다. 본래 인쇄업자이며 문방구 업자였던 Richardson은 "젊은 여성들에게 연애 편지 쓰는 법을 가르쳐 줄 모범 서한집을 써달라"는 친구의 부탁을 받고 편지에 일정한 줄거리를 집어넣어 엮기로 하였고 그 결과 발표된 것이 *Pamela or Virtue Rewarded*(1740)입니다. Pamela라는 이름의 15세의 나이 어린 하녀가 방탕한 주인집 아들 Mr. B의 끈질긴 유혹을 물리치고, 하녀의 정절에 탄복한 주인집 아들은 그녀에게 정식으로 청혼하며 마침내 두 사람은 결혼하기에 이른다는 다소 맹랑한 내용의 이야기이지만 이 작품이 영국 소설사의 첫 페이지를 장식하는 *Pamela*인 것입니다.

모범 서한집을 써달라는 부탁으로부터 소설이 탄생된 것은 우연으로 보일 수도 있지만 소설의 발생은 다음과 같은 당시의 시대적 상황과 밀접한 관련이 있습니다.

첫째, 소설 장르의 탄생은 왕이나 귀족의 쇠퇴와 무관하지 않습니다. 17세기까지만 하더라도 작가—주로 시인과 극작가—는 왕이나 귀족들의 재정적 후원을 받는 것이 공공연한 사실입니다. 그러나 이후 점차 왕권이 약화되고 의회의 힘이 커지면서 전처럼 마음대로 세금을 거두어 들일 수 없게 되었고, 재정적으로 곤란을 겪는 왕과 귀족들이 더 이상 작가들에게 후견인 노릇을 하지 못하게 됨으로써 작가들은 홀로서기를 시도할 수밖에 없었습니다. 그 결과 소설가들은 당시 언론과 출판의 자유가 신장됨으로써 새로운 신흥 세력으로 등장한 출판업자라는 후견인을 갖게 된 것입니다.

둘째, 르네상스 이후 활발하게 전개된 지리상의 발견, 산업 혁명 이후 도시로의 인구 집중, 교통 수단의 발달 등으로 인간 경험의 폭이 넓어진 것도 소설의 탄생을 뒷받침 하였습니다. 기존의 시나 연극으로는 복잡하고 다양해진 인간 경험을 담아낼 수 없었기 때문입니다.

셋째, 당시 인쇄술의 발달로 책을 대량으로 출판할 수 있었지만 아직 책 값이 비쌌기 때문에—당시 책 한 권의 값이 런던 노동자의 일주일분 급료에 해당—서민들이 마음 놓고 책을 사볼 수 있는 처지는 아니었습니다. 그러나 1740년에 오늘날 책 대여점에 해당하는 대여 도서관(circulation library)이 런던에 처음 등장함으로써 책에 대한 접근이 쉬워지고 독자층이 늘어난 것도 소설의 탄생에 기여한 요인입니다.

넷째, 무엇보다도 신흥 계급으로서 점차 사회의 중심 세력으로 자리잡게 된 중산층(bourgeoisie)의 발흥은 소설의 탄생과 발전에 결정적인 역할을 하였습니다. 산업혁명 이후 생산수단이 기계공업으로 바뀌면서 중산층들은 전보다 많은 시간적 여유를 누리게 되었고 이에 따라 책을 접할 수 있는 기회가 많아지게 된 것입니다. 교육기관이 점차 증가하고 영문판 성경이 보급됨에 따라 문맹률이 대폭 낮아진 것도 독서 인구를 증가시키는데 크게 기여하였고 그 결과 가정주부와 하녀들 역시 새로운 독자층으로 부상하게 되었습니다. 돈과 시간적 여유는 많아진 신흥 중산층에게는 한가지 열망이 있었습니다. 신분 상승에 대한 강한 욕구가 그것입니다. 앞에서 언급한 *Pamela*가 그렇듯이 하녀가 정숙함을 무기로 귀족과 결혼하여 신분이 격상된다는 이야기는 당시 중산층의 열망을 대리 충족 시키기에 충분한 것이었고 그 결과 소설은 중산층, 새로운 시민 계급의 문학 장르로 자리를 굳히게 된 것입니다.

3. 소설의 선조

새로운 문학 장르이기는 하지만 소설이 어느 날 갑자기 하늘에서 뚝 떨어진 것은 아닙니다. 소설의 탄생에 밑거름이 된 이전의 문학 장르, 이름하여 소설의 선조들(forerunners)를 살펴보면 다음과 같습니다.

첫째, 서사시를 들 수 있습니다. 제6장에서도 살펴보았듯이 서사시는 영웅들의 모험담을 다루는 이야기로 구성됩니다. 운문으로 쓰였다는 것을 제외하면 서사시는 소설과 많이 닮았습니다. 독일의 철학자 Hegel이 소설을 "근대의 서사시"나 "부르주아 계급의 서사시"라고 부른 이유는 바로 그런 이유 때문입니다. 그러나

서사시와 소설 사이에는 차이가 있는 것도 사실입니다. Homer의 *Odyssey*와 영국의 소설가 Daniel Defoe(1660-1731)의 *Robinson Crusoe*(1719)를 예로 들어보겠습니다. Odysseus(Ulysses)는 트로이 전쟁을 마치고 바다에서 온갖 역경을 겪으면서 아내 Penelope와 아들 Telemachus가 기다리는 Ithaca로 돌아오는 이야기를 담고 있는데 반해, Robinson Crusoe는 부모의 만류를 뿌리치고 선원이 되기 위해 바다로 향합니다. 즉 한 주인공은 집으로 향하고 또 다른 주인공은 집을 나서는 것입니다. 이처럼 소설은 당시 초기 자본주의 사회의 실제적 진취성, 모험성, 자립심과 독립심, 실험정신을 반영하고 있다는 점에서 전설적, 신화적 사건을 다루는 서사시와 구별됩니다.

둘째, 중세의 로망스(Romance)를 소설의 선조 가운데 하나로 볼 수 있습니다. 12세기 프랑스－프랑스어로 소설을 roman이라고 부릅니다－에서 처음 시작되어 영국으로 전파되었던 로망스는 기사의 모험이나 남녀의 사랑을 소재로 한 운문체의 이야기로서 영국에서는 15세기에 Sir Thomas Malory가 쓴 *Morte d'Arthur*(『아더왕의 죽음』)이 대표적인 작품입니다. 그러나 중산층을 대표하는 소설과는 달리 로망스는 기본적으로 귀족 계급의 문학이라는 데 그 차이점이 있습니다.

셋째, 16세기 스페인에서 발달한 피카레스크 이야기(Picaresque tales)를 들 수 있습니다. 악당을 뜻하는 스페인어 "picaro"에서 유래된 이 장르는 신분이 낮은 주인공이 여행도중 겪는 갖가지 경험을 사실적 묘사한 것입니다. Cervantes의 *Don Quixote*(1605)가 그 대표적 예입니다. 여러분에게 친숙한 19세기 미국 소설가 Mark

Twain의 *Adventures of Huckleberry Finn*은 바로 이러한 피카레스크 이야기의 형식을 응용하고 있는 좋은 예입니다.

4. 소설의 구성 요소

시가 리듬, 이미지, 비유 등의 구성 요소로 이루어져 있듯이 소설 또한 배경, 인물, 플롯, 시점 등과 같은 여러 가지 구성 요소로 이루어져 있습니다.

(1) 배경 (setting: place and time of a narrative)

소설의 배경은 시간적 배경(temporal setting)과 공간적 배경(spatial setting)으로 나뉘어집니다. 즉 작품에서 사건이 일어나는 시간과 지리적 환경을 말합니다.

(2) 인물 (character: the people in a narrative)

character란 작중 인물을 가리키지만 인물의 성격을 의미하기도 합니다. 작중 인물의 성격을 묘사하는 데에는 직접적 방법(direct characterization)과 간접적 방법(indirect characterization)의 두 가지가 있습니다. 직접적 방법이란 작가가 직접 나서서 이러쿵저러쿵 인물의 됨됨이를 묘사하는 방법입니다. 반면에 간접적 방법이란 작가가 직접 나서지 않고 그 성격이 인물의 말이나 행동을 통해 드러나도록 하는 방법을 말합니다. 전자를 "telling"이라고 하며 후자를 "showing"이라고 일컫기도 합니다.

작중 인물의 성격이 단순하냐 복잡하냐에 따라 평면적 인물(flat character)과 원형적 인물(round character)로 나눌 수 있습니다. 평면적 인물이란 한두 가지 고정된 특성만을 가지고 있는 단순한 사람을 말하고, 반면에 원형적 인물이란 복잡해서 무어라고 단정짓기 어려운 사람을 가리킵니다.

한편 이야기가 진행되는 동안 성격이 바뀌느냐 아니면 원래의 성격 그대로 남아 있느냐에 따라 인물은 정적 인물(static character)과 동적 인물(dynamic character)로 구분할 수도 있습니다. 또한 소설의 주인공은 hero나 heroine이라고 부르는 대신 protagonist로 지칭하기도 합니다.

(3) 플롯 (plot: the planned arrangement of actions and events in a narrative)

인물의 성격과 함께 플롯은 소설의 구성 요소 가운데 가장 중요한 요소입니다. 흔히 플롯을 스토리와 같은 뜻으로 사용하지만 두 용어는 엄밀히 구분할 필요가 있습니다. 스토리가 "무슨 사건이 일어나는가"라는 문제에 관심을 둔다면 플롯은 "어떻게 해서 사건이 일어나는가"에 초점을 맞춥니다. 즉 플롯에서는 인과관계(cause-and-effect)가 중요한 것입니다. 영국의 소설가이자 비평가인 E. M. Foster가 *Aspects of the Novel*에서 예로 들었듯이 "왕이 죽고 이어서 왕비가 죽었다"(the king died and then the queen died)라고 하면

스토리가 되지만 "왕이 죽자 왕비가 슬퍼서 죽었다"(the king died, and then the queen died of grief)라고 하면 플롯이 됩니다. 전자는 단순히 사건을 연대기적 순서로 배열했을 뿐 왕비가 왜 죽었는지, 왕비의 죽음은 왕의 죽음과 어떠한 관계가 있는지를 드러내지 않기 때문입니다. 반면에 후자는 남편의 죽음을 슬퍼하여 왕비가 죽었다고 함으로써 양자 사이의 인과관계를 드러내는 것입니다.

플롯은 작중인물의 행동(action)과 그 행동이 만들어내는 사건(accident or event)에서 비롯됩니다. 또한 소설의 행동과 사건은 인물(들)이 겪는 갈등(conflict)에서 비롯됩니다. 이러한 갈등의 전개에 따라 플롯은 다음과 같이 전개됩니다.

A. 발단 (beginning)
B. 전개 (rising action)
C. 위기 (crisis)
D. 절정 (climax)
E. 파국 (denouement)

(4) 시점 (point of view)

시점이란 "작가가 이야기를 제시하는 위치나 관점"(the position or vantage point from which the author presents the action of the story)으로서 작가가 누구의 관점에서 이야기를 독자에게 전달하는가를 말합니다. 시점은 크게 1인칭 시점(first person point of view)와 3인칭 시점(third person point of view)으로 나눌 수 있습니다.

A. 1인칭 시점: 화자(narrator)는 “I”나 “we”라는 인물로 나타나 독자들에게 이야기를 전달합니다. 이 방법은 작중 인물이나 주인공의 내면을 드러내는 데에 가장 효과적입니다. 또한 화자는 자신이 경험하였거나 잘 알고 있는 바를 직접 독자들에게 전달하기 때문에 훨씬 현장감을 높일 수 있습니다. 또한 일인칭 시점은 화자가 이야기에 얼마나 참여하느냐에 따라 세 가지로 나눌 수 있습니다.

a. 1인칭 주인공 시점: 1인칭 화자가 이야기의 주인공이 되는 경우입니다.
b. 1인칭 참여자 시점: 화자가 작중 인물로 사건에 참여하되 주인공의 역할은 하지 않는 경우를 말합니다.
c. 1인칭 관찰자 시점: 화자가 본 사건이나 남에게 전해들은 이야기를 단순히 독자에게 전달하는 서술 방식을 말합니다.

B. 3인칭 시점: 작가는 화자를 오직 3인칭으로만 언급하는 방식입니다. 화자가 이야기의 진행 과정에 놓여있는 1인칭 시점과는 달리 3인칭 시점에서는 화자가 이야기 밖에 놓여있게 됨으로써 작가가 자유롭게 사건을 펼칠 수 있다는 이점을 갖습니다. 3인칭 시점은 다음과 같이 전지적 시점과 제한적 시점으로 구분됩니다.

a. 전지적 시점 (omniscient point of view): 말 그대로 3인칭 화자가 전지 전능한 신과 같은 입장에서 아무런 구애를 받지 않고 이야기를 서술하는 방법입니다.
b. 제한적 시점 (limited point of view): 화자가 3인칭 시점으로 이야기를 전달하면서도 한 작중인물이 보고 듣고 느끼고 경험한 바에만 국한하여 서술합니다. 이렇게 화자로 선

> 택된 작중 인물을 흔히 "초점"(focus), "거울"(mirror), 또는 "의식의 중심"(center of consciousness)이라고 부르기도 합니다.

소설에서 1인칭과 3인칭 시점이 가장 보편적인 시점이지만, 매우 드물게 2인칭 시점(second-person view)이 사용되기도 합니다. 2인칭 시점에서는 화자가 등장인물들 가운데 한 사람을 "you"로 지칭하는데, 이를 통해 독자가 이야기 속에 등장하는 한 사람이라는 느낌을 갖도록 만듭니다. 다음 장에서 읽어볼 Jamaica Kincaid의 "Girl"이 그 예에 해당합니다.

위에서 살펴본 소설의 기본적 구성 요소들 가운데 플롯에 대한 보다 구체적인 이해를 위해서 캐나다 태생의 여성작가 Margaret Atwood(1939-)의 짧은 소설 "Happy Endings"를 읽어 봅니다. 소설이라 이름이 무색할 정도로 길이가 짧은 이 작품은 존과 매리가 만나 "행복한 결말"을 맺게 되는 여러 가지 사례들을 보여줍니다. 플롯 A가 존과 매리가 만나 서로 사랑하며 평탄한 삶을 살다가 죽는 밋밋한 전개를 보여주는 반면, 플롯 B는 존이 매리를 사랑하지 않아 발생한 갈등 때문에 다소 복잡한 전개를 보여주다가 끝내 매리가 스스로 목숨을 끊고 나서 존이 마지(Madge)라는 여성을 만나 행복한 삶을 살아가는 또 다른 "행복한 결말"을 소개합니다. 작가는 이처럼 출발은 같지만 전개에 따라 서로 다른 "행복한 결말"에 이르게 되는 이야기들을 통해 플롯 구성의 다양한 사례들을 실험적으로 제시하고 있는 것입니다. 플롯이 무엇인지를 보여주는 좋은 자료인데다가 길이도 짧아서 부담 없이 읽을 수 있을 것입니다.

Happy Endings

John and Mary meet.

What happens next?

If you want a happy ending, try A.

A.

John and Mary fall in love and get married. They both have worthwhile and remunerative jobs which they find stimulating and challenging. They buy a charming house. Real estate values go up. Eventually, when they can afford live-in help, they have two children, to whom they are devoted. The children turn out well. John and Mary have a stimulating and challenging sex life and worthwhile friends. They go on fun vacations together. They retire. They both have hobbies which they find stimulating and challenging. Eventually they die. This is the end of the story.

B.

Mary falls in love with John but John doesn't fall in love with Mary. He merely uses her body for selfish pleasure and ego gratification of a tepid kind. He comes to her apartment twice a week and she cooks him dinner, you'll notice that he doesn't even consider her worth the price of a dinner out, and after he's eaten dinner he fucks her and after that he falls asleep, while she does the dishes so he won't think she's untidy, having all those dirty dishes lying around, and puts on fresh lipstick so she'll look good when he wakes up, but when he wakes up he doesn't even notice, he puts on his socks and his shorts and his pants and his shirt and his tie and his shoes, the reverse order from the one in which he took them off. He doesn't take off Mary's clothes, she takes them off herself, she acts as if she's dying for it every time, not because she likes sex exactly, she doesn't, but she wants John to think she does because if they do it often enough surely he'll get used to her, he'll come to depend on her and they will get married, but John goes out the door with hardly so much as a good-night and three days later he turns up at six o'clock and they do the whole thing over again.

Mary gets run-down. Crying is bad for your face, everyone knows that and so does Mary but she can't stop. People at work notice. Her friends tell her John is a rat, a pig, a dog, he isn't good enough for her, but she can't believe it. Inside John, she thinks, is another John, who is much nicer. This other John will emerge like a butterfly from a cocoon, a Jack from a box, a pit from a prune, if the first John is only squeezed enough.

One evening John complains about the food. He has never complained about her food before. Mary is hurt.

Her friends tell her they've seen him in a restaurant with another woman, whose name is Madge. It's not even Madge that finally gets to Mary: it's the restaurant. John has never taken Mary to a restaurant. Mary collects all the sleeping pills and aspirins she can find, and takes them and a half a bottle of sherry. You can see what kind of a woman she is by the fact that it's not even whiskey. She leaves a note for John. She hopes he'll discover her and get her to the hospital in time and repent and then they can get married, but this fails to happen and she dies.

John marries Madge and everything continues as in A.

C.

John, who is an older man, falls in love with Mary, and Mary, who is only twenty-two, feels sorry for him because he's worried about his hair falling out. She sleeps with him even though she's not in love with him. She met him at work. She's in love with someone called James, who is twenty-two also and not yet ready to settle down.

John on the contrary settled down long ago: this is what is bothering him. John has a steady, respectable job and is getting ahead in his field, but Mary isn't impressed by him, she's impressed by James, who has a motorcycle and a fabulous record collection. But James is often away on his motorcycle, being free. Freedom isn't the same for girls, so in the meantime Mary spends Thursday evenings with John. Thursdays are the only days John can get away.

John is married to a woman called Madge and they have two children, a charming house which they bought just before the real estate values went up, and hobbies which they find stimulating and challenging, when they have the time. John tells Mary how important she is to him, but of course he can't leave his wife because a commitment is a commitment. He goes on about this more than is necessary and Mary finds it boring, but older men can keep it up longer so on the whole she has a fairly good time.

One day James breezes in on his motorcycle with some top-grade California hybrid and James and Mary get higher than you'd believe possible and they climb into bed. Everything becomes very underwater, but along comes John, who has a key to Mary's apartment. He finds them stoned and entwined. He's hardly in any position to be jealous, considering Madge, but nevertheless he's overcome with despair. Finally he's middle-aged, in two years he'll be as bald as an egg and he can't stand it. He purchases a handgun, saying he needs it for target practice--this is the thin part of the plot, but it can be dealt with later--and shoots the two of them and himself.

Madge, after a suitable period of mourning, marries an understanding man called Fred and everything continues as in A, but under different names.

D.

Fred and Madge have no problems. They get along exceptionally well and are good at working out any little difficulties that may arise. But their charming house is by the seashore and one day a giant tidal wave approaches. Real estate values go down. The rest of the story is about what caused the tidal wave and how they escape from it. They do, though thousands drown, but Fred and Madge are virtuous and grateful, and continue as in A.

E.

Yes, but Fred has a bad heart. The rest of the story is about how kind and understanding they both are until Fred dies. Then Madge devotes herself to charity work until the end of A. If you like, it can be "Madge," "cancer," "guilty and confused," and "bird watching."

F.

If you think this is all too bourgeois, make John a revolutionary and Mary a counterespionage agent and see how far that gets you. Remember, this is Canada. You'll still end up with A, though in between you may get a lustful brawling saga of passionate involvement, a chronicle of our times, sort of.

You'll have to face it, the endings are the same however you slice it. Don't be deluded by any other endings, they're all fake, either deliberately fake, with malicious intent to deceive, or just motivated by excessive optimism if not by downright sentimentality.

The only authentic ending is the one provided here:

John and Mary die. John and Mary die. John and Mary die.

So much for endings. Beginnings are always more fun. True connoisseurs, however, are known to favor the stretch in between, since it's the hardest to do anything with.

That's about all that can be said for plots, which anyway are just one thing after another, a what and a what and a what.

Now try How and Why.

다음 장들부터는 영미 단편 소설작품들을 한 편 한 편 읽으면서 소설을 분석하는 방법에 대하여 보다 구체적으로 공부해 보겠습니다.

제8장

영미소설의 이해와 분석 2

"The Cask of Amontillado," "Girl"

이 장에서는 두 편의 단편소설을 자료로 삼아 앞장에서 알아본 소설의 구성요소들을 복습하고 작품의 주제에 대해서도 알아보도록 하겠습니다.

1. Edgar Allan Poe의 "The Cask of Amontillado"

19세기 미국의 시인이며 비평가, 그리고 탁월한 단편 소설가로도 유명한 Edgar Allan Poe(1809-49)는, 특히 "The Black Cat"(1843) 같은 엽기 소설과 "The Murders in the Rue Morgue"(1841)나 "The Gold Bug"(1843) 등의 추리 소설로 비교적 우리에게 잘 알려진 작가입니다. Poe는 단편 소설이라는 새로운 형태의 장르를 발전시켰고 이에 대한 이론을 정립하기도 하였습니다. 그는 「창작론」(The Philosophy of Composition)이라는 글에서 단편 소설의 핵심적 요소로서 간결함을 지적하면서 다음과 같이 말하고 있습니다.

> If any literary work is too long to be **read at one sitting**, we must be content to dispense with the immensely important effect derivable from **unity of impression**.

작품의 길이가 길어지면 길어질수록 독자에게 강렬한 인상을 전달하기가 어려워진다고 보는 Poe는 동시대의 미국 소설가 Nathaniel Hawthorne(1804-64)의 단편 소설들을 언급한 또 다른 글에서 "a single effect"(단일한 효과)의 중요성을 다음과 같이 강조하고 있습니다.

> A skillful artist has constructed a tale. He has not fashioned his thoughts to accommodate his incidents, but having deliberately conceived a certain **single effect** to be wrought, he then combines such events, and discusses them in such tone as may best serve him in establishing his pre-conceived effect. If his very first sentence tend not to the outbringing of this, then in his very first step has he committed a blunder. In the whole composition there should be no word written of which the tendency, direct or indirect, is not to the one pre-established design.

Poe에게 단편 소설의 창작은 매우 계산된 작업으로서 단어 한 개, 문장 하나 조차도 작가가 의도하는 단일한 효과에 이바지 하여야 한다는 것입니다. Poe의 작품 가운데 잘 알려진 "The Cask of

Amontillado”(1846)는 복수를 다루는 이야기로서 그가 강조하는 “인상의 통일성”과 “단일한 효과”, 즉 복수의 전개 과정에서 유발되는 긴장과 공포를 겨냥하고 쓰여진 치밀하게 계산된 작품이라고 할 수 있을 것입니다.

(1) 줄거리와 플롯

화자 Montresor는 Fortunato로부터 받은 “수천 번의 상처”를 꾹 참아왔지만 그가 또 한 번 자신에게 모욕을 하자 마침내 복수를 결심합니다. 그러나 그가 계획하는 복수에는 다음과 같이 두 가지 전제 조건이 있습니다.

> I must not only punish but punish with impunity. A wrong is unredressed when retribution overtakes its redresser. It is equally unredressed when the avenger fails to make himself felt as such to him who has done the wrong.

첫째, 복수를 하되 내가 그것 때문에 처벌을 받아서는 않된다는 것입니다. 둘째, 과거에 저지른 잘못 때문에 그에게 복수를 한다는 사실을 반드시 깨닫게 만들어야 합니다. 예를 들어 으슥한 골목길에서 복면을 쓰고 갑자기 나타나 상대방을 해코지하는 것은 복수라 할 수 없으며, 최소한 복수의 순간에 복면을 벗고 “네 이놈, 나를 알아 보겠느냐? 오랫동안 이 날을 기다려왔다. 네가 저지른 짓을 알렸다. 이 불구대천의 원수!”라고 한마디 해야 한다는 것입니다.

Montresor가 계획한 복수는 축제가 벌어지는 날 밤에 집안의 하인들을 다 내보고 나서 거나하게 취한 Fortunato에게 미끼를 던져 집으로 유인합니다. 그 미끼는 "우리 집에 Amontillado 술을 한 통 샀는데 진짜인지 모르겠어. 자네가 없어서 미처 자문을 구할 수 없었거든. 그런데 오늘 자네가 바쁜 것 같아 다른 사람－Luchresi－에게 가는 중이었네"라고 말입니다. 이러한 말이 미끼가 될 수 있는 이유는 다음과 같은 그의 성격상의 허점 때문입니다.

> He had a weak point－this Fortunato－although in other regards he was a man to be respected and even feared. He prided himself on his connoisseurship in wine.

Fortunato는 포도주 감별에 대해 일가견을 갖고 있다고 믿는, 허영심이 있는 위인이기 때문에 다른 사람에게 부탁을 한다는 화자의 말에 쉽게 걸려들고 맙니다. 보통 술을 지하저장고에 넣어두기 때문에 두 사람은 횃불을 들고 지하실로 내려갑니다. 춥고 습하며 초석(nitre) 냄새로 매캐한 지하실이었기에 Fortunato는 연신 기침을 하였지만 최고의 감식가임을 자처하는 허영심은 그의 발걸음을 멈추게 할 수는 없었습니다. Montresor는 Fortunato의 기침이 터질 때마다 "돌아 가는 것이 낳겠다"고 하면서도 Luchresi의 이름을 들먹이고 술을 한잔씩 마시게 하여 그를 계속 지하실 깊숙이 유인합니다. 마침내 이야기는 정점(climax)에 다다릅니다. 두 사람은 지하실의 끝부분에 도착하였고 벽 안쪽 후미진 곳에 그를 몰아넣고 쇠사슬로 감은 뒤 미리 준비해놓은 벽돌과 흙손(trowel)을 이용하여 그를 산 채로 벽 속에 가두어 버립니다. 오는 동안 Montresor가 건넨 술에 취해버린 Fortunato에게는 저항할 힘이 남아 있지 않았기 때문입니다.

> As I said these words I busied myself among the pile of bones of which I have before spoken. Throwing them aside, I soon uncovered a quantity of building stone and mortar. With these materials and with the aid of my trowel, I began vigorously to wall up the entrance of the niche.

(2) 배경

이 작품의 지리적 배경은 등장 인물들의 이름과 술 이름－Amontillao, Sherry－그리고 언급되는 지명들에 근거할 때 유럽 가운데서도 Italy 정도라고 추정해 볼 수 있습니다. 범위를 좁히면 화자 Montresor가 사는 저택의 지하실에서 사건의 대부분이 진행됩니다.

시기적으로는 정확히 몇 세기라고 추정하기는 어렵습니다. 분명한 것은 사육제가 벌어지는 날 저녁 시간입니다. 화자는 복수가 끝난 뒤 반세기가 지난 시점에서－"For the half of a century no mortal has disturbed them"－이 이야기를 술회하고 있습니다.

이처럼 공간적, 시대적 배경의 모호성이 이 소설을 환상적이고 허구적인 것으로 만들어주고 있기도 합니다.

(3) 인물

이 소설에서 중심 인물은 Montresor와 Fortunato입니다. 화자 Montresor는 복수심으로 불타는 인물이면서도 매우 치밀한 계산에 따라 복수를 성사시키는 냉정, 침착한 성격의 소유자입니다. 그의 치밀한 성격은 다음과 같은 구절에서 잘 드러나고 있습니다.

> It must be understood that neither by word nor deed had I given Fortunato cause to doubt my good will. I continued, as was my wont, to smile in his face, and he did not perceive that my smile now was at the thought of his immolation.

어떤 말이나 행동으로도 Fortunato가 자신의 선의를 의심하게 만들어서는 안되며 끓어오르는 복수심에도 불구하고 계속 미소를 잃지 않아 그를 복수의 제물로 삼겠다는 그의 흉중을 드러내지 않는데 성공 하였다는 것입니다.

반면에 Fortunato는 허영심에 사로잡힌 사람으로서 결국 그것 때문에 화자의 제물이 되고 맙니다. 특히 소설의 앞부분에서 묘사된 그의 광대 복장－The man wore motley. He had on a tight-fitting parti-striped dress, and his head was surmounted by the conical cap and bells.－은 사육제 행사에 걸 맞는 것이지만 Montresor의 치밀한 계획의 노리개로 전락하고 마는 그의 처지를 미리 암시하기도 합니다.

작가는 이 두 사람의 성격을 시시콜콜 이렇다 저렇다 묘사하기보다는 사건의 전개 과정에서 대화와 행동을 통해 독자가 파악하도록 유도하고 있습니다. 즉 "telling"이 아닌 "showing"을 통해서 성격을 부각시키는 것입니다.

(4) 시점

이 소설은 화자 Montresor가 사건의 주인공으로 등장하는 일인칭 주인공 시점이며 사건이 끝난 뒤 반세기가 지난 시점에서 과거를 술회하고 고백하는 형태를 취하고 있습니다.

지금부터는 조금 어려운 내용을 공부하겠습니다. 제7장에서 시점에 대하여 대강을 알아보았지만 이에 추가할 것은 화자를 "믿을 수 있는 화자"(reliable narrator)와 "믿을 수 없는 화자"(unreliable narrator)로 나누기도 한다는 사실입니다. 전자는 화자의 말대로 사건이 전개되고 등장 인물들에 대한 화자의 묘사가 실제로 독자가 파악하는 그들의 성격과 일치하는 경우입니다. 반면에 후자는 사건의 전개와 인물의 성격에 대한 화자의 말을 독자가 액면 그대로 받아 들일 수 없는 경우를 말합니다. 일단 이 소설의 화자 Montresor는 reliable narrator인 것처럼 보입니다. 자신이 얼마나 치밀하게 복수를 계획했고 멋지게 성공했는지를 살인에 대한 공소시효가 지난 반세기 뒤에 자랑스레 늘어놓는다는 것을 전제로 말입니다. 그렇지만 우리는 그의 말을 액면 그대로 받아 들일 수도 없을 것 같습니다. 그 이유를 알아보겠습니다.

앞에서도 말했듯이 이 소설에서 화자는 복수의 동기와 과정, 그리고 결말을 반세기가 지난 시점에서 술회하고 있습니다. 표면적으로 화자의 복수는 성공한 것으로 보이고 화자가 이를 자랑스럽게 늘어놓는 것 같지만 잘 생각해보면 반드시 복수가 성공한 것 같아 보이지는 않습니다. 화자가 서두에서 말한 복수의 성공 조건은 첫째, 복수를 하되 내가 그것 때문에 처벌을 받아서는 안되며 둘째, 내가 상대방에게 그가 저지른 잘못에 대하여 복수를 한다는 사실을 깨닫게 해야 한다는 것입니다. 두 번째 조건을 먼저 살펴보면 Montresor가 Fortunato를 벽 속으로 밀어 넣고 벽돌을 쌓아 올리면서 자신이 왜 그를 그렇게 하는지 일체 말하지 않았습니다. 즉 Fortunato는 그야 말로 Amontillado 주를 맛보러 따라 들어갔다가 영문도 모른 채 생매장이 된 것입니다. 그렇다면 복수의 조건 하나는 충족되지 않았으며 복수는 성공을 거두지 못한 셈이 됩니다. 화자는 자신이 얼마나 치밀한 성격의 소유자이며 복수를 멋지게 결행하였는지를 자랑하고 싶어하지만 그와 반대로 독자들은 그의 복수가 실패했다는 것을 알기 때문에 그의 말을 액면 그대로 믿지 않습니다. 따라서 Montresor는 unreliable narrator가 되는 것입니다.

이렇게 생각해볼 수도 있을 것입니다. 화자는 복수를 결행한지 50년이 지나서 참회하는 마음으로 당시 사건을 고백하는 것이라고 말입니다. 복수의 성공 조건이 처벌 받지 않는 것이라면 화자는 법적으로는 처벌을 받지 않았을지 모르지만, 벽을 다 바르고 Fortunato가 잠잠해지자 "마음이 언짢아졌다"(My heart grew sick)－물론 바로 이어서 "지하 묘지의 습기 때문에"라고 토를 달기는 하였지만－고 말하는 대목에서 알 수 있듯이 화자는 양심의 가책이라는 더 큰 처벌을 받은 것으로 볼 수도 있습니다. 그렇다면 첫 번째 조건도 결국 충족시키지 못한 것입니다.

반어법 가운데 극적 반어법(dramatic irony)은 화자의 말과 작가의 의도가 일치하지 않는 경우인데 이 작품 역시 극적 반어법의 예라고 할 수 있습니다. 작가는 복수극이 말대로 성공하지 않았음을 암시하여 화자의 자기 자랑에 힘을 실어주지 않기 때문입니다.

이처럼 이 작품에는 반어법이 자주 등장합니다. 우선 Fortunato라는 이름이 그렇습니다. 그의 결말은 이름과 달리 결코 "fortunate"하지 않기 때문입니다. 또한 그를 만나자 화자가 "자네를 만나서 다행이네"(you are luckily met)라고 하는데 Montresor의 입장에서는 다행이지만 Fortunato에게는 죽음의 전주곡이 되므로 결코 다행스러운 일이 되지 못합니다. 또 한 가지 Fortunato가 화자에게 Montresor가를 상징하는 문장(arms)이 무엇인지 물었을 때 그는 "하늘 색 들판에 커다란 금색의 사람 발; 그 발이 꼿꼿이 선 독사를 짓밟고 독니가 그 발뒤꿈치에 박힌 모습"(A huge human foot d'or, in a field azure; the foot crushes a serpent rampant whose fangs are imbedded in the heel)이라고 대답합니다. 이를 두 사람의 관계에 적용하여 보면 독사를 밟은 발은 화자에게 상처를 준 Fortunato를, 독사는 이에 앙갚음하는 Montresor를 암시한다고 볼 수 있습니다. 그러나 화자의 복수가 결국 성공하지 못했다고 했을 때 이 문장은 그 반대로 해석 될 여지가 있습니다. 즉 발이 Montresor이며 독사가 Fortunato가 되는 것입니다. 이 경우 화자가 Fortunato를 짓밟았지만 이미 그는 독사에 물린 것처럼 줄곧 양심의 가책이라는 또 다른 복수를 당하고 만 것입니다. 이러한 관점에서 이 작품에 나타난 irony들을 찾아보는 것도 흥미로운 일이 될 것입니다. 이와 같이 이 소설은 곳곳에 산재된 반어법들을 통해 작품 전체를 반어적으로 이끌어가고 결국 화자를 unreliable narrator로 만들고 있는 것입니다.

지금까지의 해설을 염두에 두고서 다소 길이가 길지만 작품을 함께 읽어봅시다.

The Cask of Amontillado

The thousand injuries of Fortunato I had borne as I best could, but when he ventured upon insult I vowed revenge. You, who so well know the nature of my soul, will not suppose, however, that I gave utterance to a threat. At length I would be avenged; this was a point definitely, settled --but the very definitiveness with which it was resolved precluded the idea of risk. I must not only punish but punish with impunity. A wrong is unredressed when retribution overtakes its redresser. It is equally unredressed when the avenger fails to make himself felt as such to him who has done the wrong.

It must be understood that neither by word nor deed had I given Fortunato cause to doubt my good will. I continued, as was my wont, to smile in his face, and he did not perceive that my smile now was at the thought of his immolation.

He had a weak point--this Fortunato--although in other regards he was a man to be respected and even feared. He prided himself on his connoisseurship in wine. Few Italians have the true virtuoso spirit. For the most part their enthusiasm is adopted to suit the time and opportunity, to practise imposture upon the British and Austrian millionaires. In painting and gemmary, Fortunato, like his countrymen, was a quack, but in the matter of old wines he was sincere. In this respect I did not differ from him materially; --I was skilful in the Italian vintages myself, and bought largely whenever I could.

It was about dusk, one evening during the supreme madness of the carnival season, that I encountered my friend. He accosted[1] me with excessive warmth, for he had been drinking much. The man wore motley. He had on a tight-fitting parti-striped dress, and his head was surmounted by the conical cap and bells. I was so pleased to see him that I thought I should never have done wringing his hand.

I said to him -- "My dear Fortunato, you are luckily met. How remarkably well you are looking to-day. But I have received a pipe of what passes for Amontillado, and I have my doubts."

"How?" said he. "Amontillado, A pipe? Impossible! And in the middle of the carnival!"

"I have my doubts," I replied; "and I was silly enough to pay the full Amontillado price without consulting you in the matter. You were not to be found, and I was fearful of losing a bargain."

"Amontillado!"

"I have my doubts."

"Amontillado!"

"And I must satisfy them."

---

1) accost: 말을 걸다

"Amontillado!"

"As you are engaged, I am on my way to Luchresi. If any one has a critical turn it is he. He will tell me --"

"Luchresi cannot tell Amontillado from Sherry."

"And yet some fools will have it that his taste is a match for your own."

"Come, let us go."

"Whither?"

"To your vaults."

"My friend, no; I will not impose upon your good nature. I perceive you have an engagement. Luchresi--"

"I have no engagement;--come."

"My friend, no. It is not the engagement, but the severe cold with which I perceive you are afflicted. The vaults are insufferably damp. They are encrusted with nitre."

"Let us go, nevertheless. The cold is merely nothing. Amontillado! You have been imposed upon. And as for Luchresi, he cannot distinguish Sherry from Amontillado."

Thus speaking, Fortunato possessed himself of my arm; and putting on a mask of black silk and drawing a roquelaire[2) closely about my person, I suffered[3) him to hurry me to my palazzo[4).

There were no attendants at home; they had absconded[5) to

2) 망또
3) allowed
4) 저택
5) disappeared

make merry in honour of the time. I had told them that I should not return until the morning, and had given them explicit orders not to stir from the house. These orders were sufficient, I well knew, to insure their immediate disappearance, one and all, as soon as my back was turned.

I took from their sconces two flambeaux[6], and giving one to Fortunato, bowed him through several suites of rooms to the archway that led into the vaults. I passed down a long and winding staircase, requesting him to be cautious as he followed. We came at length to the foot of the descent, and stood together upon the damp ground of the catacombs of the Montresors.

The gait[7] of my friend was unsteady, and the bells upon his cap jingled as he strode.

"The pipe," he said.

"It is farther on," said I; "but observe the white web-work which gleams from these cavern walls."

He turned towards me, and looked into my eyes with two filmy orbs that distilled the rheum of intoxication[8].

"Nitre?" he asked, at length.

"Nitre," I replied. "How long have you had that cough?"

"Ugh! ugh! ugh!--ugh! ugh! ugh!--ugh! ugh! ugh!--ugh! ugh! ugh!--ugh! ugh! ugh!"

My poor friend found it impossible to reply for many

---

6) 횃불

7) 걸음걸이

8) 술기운으로 물기가 맺힌 두 개의 동공으로

minutes.

"It is nothing," he said, at last.

"Come," I said, with decision, "we will go back; your health is precious. You are rich, respected, admired, beloved; you are happy, as once I was. You are a man to be missed. For me it is no matter. We will go back; you will be ill, and I cannot be responsible. Besides, there is Luchresi --"

"Enough," he said; "the cough's a mere nothing; it will not kill me. I shall not die of a cough."

"True--true," I replied; "and, indeed, I had no intention of alarming you unnecessarily --but you should use all proper caution. A draught of this Medoc will defend us from the damps.

Here I knocked off the neck of a bottle which I drew from a long row of its fellows that lay upon the mould.

"Drink," I said, presenting him the wine.

He raised it to his lips with a leer. He paused and nodded to me familiarly, while his bells jingled.

"I drink," he said, "to the buried that repose around us."

"And I to your long life."

He again took my arm, and we proceeded.

"These vaults," he said, "are extensive."

"The Montresors," I replied, "were a great and numerous family."

"I forget your arms."

"A huge human foot d'or, in a field azure; the foot crushes a serpent rampant whose fangs are imbedded in the heel."

"And the motto?"

"Nemo me impune lacessit.[9]"

"Good!" he said.

The wine sparkled in his eyes and the bells jingled. My own fancy grew warm with the Medoc. We had passed through long walls of piled skeletons, with casks and puncheons intermingling, into the inmost recesses of the catacombs. I paused again, and this time I made bold to seize Fortunato by an arm above the elbow.

"The nitre!" I said; "see, it increases. It hangs like moss upon the vaults. We are below the river's bed. The drops of moisture trickle among the bones. Come, we will go back ere it is too late. Your cough--"

"It is nothing," he said; "let us go on. But first, another draught of the Medoc."

I broke and reached him a flagon of De Grave. He emptied it at a breath. His eyes flashed with a fierce light. He laughed and threw the bottle upwards with a gesticulation I did not understand.

I looked at him in surprise. He repeated the movement --a grotesque one.

"You do not comprehend?" he said.

"Not I," I replied.

"Then you are not of the brotherhood."

"How?"

---

9) No one injures me with impunity.

"You are not of the masons."

"Yes, yes," I said; "yes, yes."

"You? Impossible! A mason?"

"A mason," I replied.

"A sign," he said, "a sign."

"It is this," I answered, producing from beneath the folds of my roquelaire a trowel.

"You jest," he exclaimed, recoiling a few paces. "But let us proceed to the Amontillado."

"Be it so," I said, replacing the tool beneath the cloak and again offering him my arm. He leaned upon it heavily. We continued our route in search of the Amontillado. We passed through a range of low arches, descended, passed on, and descending again, arrived at a deep crypt[10], in which the foulness of the air caused our flambeaux rather to glow than flame.

At the most remote end of the crypt there appeared another less spacious. Its walls had been lined with human remains, piled to the vault overhead, in the fashion of the great catacombs of Paris. Three sides of this interior crypt were still ornamented in this manner. From the fourth side the bones had been thrown down, and lay promiscuously upon the earth, forming at one point a mound of some size. Within the wall thus exposed by the displacing of the bones, we perceived a still interior crypt or recess, in depth about four feet, in width

10) 토굴

three, in height six or seven. It seemed to have been constructed for no especial use within itself, but formed merely the interval between two of the colossal supports of the roof of the catacombs, and was backed by one of their circumscribing walls of solid granite.

It was in vain that Fortunato, uplifting his dull torch, endeavoured to pry into the depth of the recess. Its termination the feeble light did not enable us to see[11].

"Proceed," I said; "herein is the Amontillado. As for Luchresi--"

"He is an ignoramus[12]," interrupted my friend, as he stepped unsteadily forward, while I followed immediately at his heels. In an instant he had reached the extremity of the niche, and finding his progress arrested by the rock, stood stupidly bewildered. A moment more and I had fettered him to the granite. In its surface were two iron staples, distant from each other about two feet, horizontally. From one of these depended a short chain, from the other a padlock[13]. Throwing the links about his waist, it was but the work of a few seconds to secure it. He was too much astounded to resist. Withdrawing the key I stepped back from the recess.

"Pass your hand," I said, "over the wall; you cannot help feeling the nitre. Indeed, it is very damp. Once more let me implore you to return. No? Then I must positively leave you.

---

11) 희미한 불빛으로는 그 끝을 볼 수 없었다
12) idiot
13) 자물쇠

But I must first render you all the little attentions in my power."

"The Amontillado!" ejaculated my friend, not yet recovered from his astonishment.

"True," I replied; "the Amontillado."

As I said these words I busied myself among the pile of bones of which I have before spoken. Throwing them aside, I soon uncovered a quantity of building stone and mortar. With these materials and with the aid of my trowel, I began vigorously to wall up the entrance of the niche.

I had scarcely laid the first tier of the masonry when I discovered that the intoxication of Fortunato had in a great measure worn off. The earliest indication I had of this was a low moaning cry from the depth of the recess. It was not the cry of a drunken man. There was then a long and obstinate silence. I laid the second tier, and the third, and the fourth; and then I heard the furious vibrations of the chain. The noise lasted for several minutes, during which, that I might hearken to it with the more satisfaction, I ceased my labours and sat down upon the bones. When at last the clanking subsided, I resumed the trowel, and finished without interruption the fifth, the sixth, and the seventh tier. The wall was now nearly upon a level with my breast. I again paused, and holding the flambeaux over the mason-work, threw a few feeble rays upon the figure within.

A succession of loud and shrill screams, bursting suddenly from the throat of the chained form, seemed to thrust me violently back. For a brief moment I hesitated, I trembled.

Unsheathing my rapier, I began to grope with it about the recess; but the thought of an instant reassured me. I placed my hand upon the solid fabric of the catacombs, and felt satisfied. I reapproached the wall; I replied to the yells of him who clamoured. I re-echoed, I aided, I surpassed them in volume and in strength. I did this, and the clamourer grew still.

It was now midnight, and my task was drawing to a close. I had completed the eighth, the ninth and the tenth tier. I had finished a portion of the last and the eleventh; there remained but a single stone to be fitted and plastered in. I struggled with its weight; I placed it partially in its destined position. But now there came from out the niche a low laugh that erected the hairs upon my head. It was succeeded by a sad voice, which I had difficulty in recognizing as that of the noble Fortunato. The voice said--

"Ha! ha! ha!--he! he! he!--a very good joke, indeed--an excellent jest. We will have many a rich laugh about it at the palazzo--he! he! he!--over our wine--he! he! he!"

"The Amontillado!" I said.

"He! he! he!--he! he! he!--yes, the Amontillado. But is it not getting late? Will not they be awaiting us at the palazzo, the Lady Fortunato and the rest? Let us be gone."

"Yes," I said, "let us be gone."

"For the love of God[14], Montresor!"

"Yes," I said, "for the love of God!"

---

14) Please

But to these words I hearkened in vain for a reply. I grew impatient. I called aloud--

"Fortunato!"

No answer. I called again--

"Fortunato!"

No answer still. I thrust a torch through the remaining aperture[15] and let it fall within. There came forth in return only a jingling of the bells. My heart grew sick; it was the dampness of the catacombs that made it so. I hastened to make an end of my labour. I forced the last stone into its position; I plastered it up. Against the new masonry I re-erected the old rampart of bones. For the half of a century no mortal has disturbed them. In pace requiescat[16]!

2. Jamaica Kincaid의 "Girl"

Jamaica Kincaid(1949-)는 영국의 식민지였던 카리브 해의 작은 섬나라 Antigua 출신의 미국 여성 작가입니다. 그녀가 1983년에 출간한 작품집 *At the Bottom of the River*에 수록된 10편의 이야기들 가운데 첫 번째 것인 "Girl"은 앞에서 읽은 'Happy Endings" 만큼이나 짧은 소설로서, 어머니가 10대의 딸에게 요리와 빨래 등의 집안일에서부터 걸음걸이, 미소 짓는 방법 등에 이르기까지 요조숙녀

15) 틈새

16) May he rest in peace

가 되기 위해 반드시 지켜야 할 수칙들을 독특한 2인칭 시점으로 열거하고 있습니다. 과연 어머니가 딸에게 어떤 주문을 하고 있는지를 알아봅시다.

Girl

Wash the white clothes on Monday and put them on the stone heap; wash the color clothes on Tuesday and put them on the clothesline to dry; don't walk barehead in the hot sun; cook pumpkin fritters in very hot sweet oil; soak your little cloths right after you take them off; when buying cotton to make yourself a nice blouse, be sure that it doesn't have gum on it, because that way it won't hold up well after a wash; soak salt fish overnight before you cook it; is it true that you sing benna in Sunday school?; always eat your food in such a way that it won't turn someone else's stomach; on Sundays try to walk like a lady and not like the slut you are so bent on becoming; don't sing benna in Sunday school; you mustn't speak to wharf-rat boys, not even to give directions, don’t eat fruits on the street—flies will follow you; *but I don't sing benna on Sundays at all and never in Sunday school*; this is how to sew on a button; this is how to make a button-hole for the button you have just sewed on; this is how to hem a dress when you see the hem coming down and so to prevent yourself from looking like the slut I know you are so bent on becoming; this is how you iron your father's khaki shirt so that it doesn't have a crease; this is how you iron your father's khaki pants so that they don't have a crease; this is how you grow okra far from the house, because okra tree harbors red ants; when you are growing dasheen, make sure it gets plenty of water or else it makes your throat itch when you are eating it; this is how you sweep a corner; this is how you sweep a whole house; this is how you sweep a yard; this is how you smile to someone you don't like too much; this is how you smile to someone you don't like at all; this is how you smile to someone you like completely; this is how you set a table for tea; this is how you set a table for dinner; this is how you set a table for dinner with an important guest; this is how you set a table for lunch; this is how you set a table for breakfast; this is how to behave in the presence of men who don't know you very well, and this way they won't recognize immediately the slut I have warned you against becoming; be sure to wash every day, even if it is with your own spit; don't squat down to play marbles—you are not a boy, you know; don't pick people's flowers—you might catch something; don't throw stones at blackbirds, because it might not be a blackbird at all; this is how to make a bread pudding; this is how to make doukona; this is how to make pepper pot; this is how to make a good medicine for a cold; this is how to make a good medicine to throw away a child before it even becomes a child; this is how to catch a fish; this is how to throw back a fish you don't like, and that way something bad won't fall on you; this is how to bully a man; this is how a man bullies you; this is how to love a man; and if this doesn't work there are other ways, and if they don't work don't feel too bad about giving up; this is how to spit up in the air if you feel like it, and this is how to move quick so that it doesn't fall on you; this is how to make ends meet; always squeeze bread to make sure it's fresh; *but what if the baker won't let me feel the bread?*; you mean to say that after all you are really going to be the kind of woman who the baker won't let near the bread?

여러분이 읽어본 바와 같이 주로 어머니의 독백으로 구성된 이 짧은 소설은 딸을 반듯하게 키우기 위한 어머니의 염려를 담고 있지만, 조금 더 깊이 들여다 보면 제법 심각한 주제를 담고 있기도 합니다. 다시 말해서 이 작품은 어머니와 딸의 관계를 통하여 남성 중심적인 가부장제 사회에서 여성에서 부과되는 역할이 대물림 되고 영속화 되는 과정을 우리에게 보여주고 있는 것입니다.

작품에 등장하는 어머니와 딸은 각자 고유한 개성을 지닌 개별적인 존재가 아니라, 단지 여성에게 기대되는 역할을 수행하고 이를 재생산하는, 마치 사회라는 커다란 틀 속에서 한낱 부품으로만 기능하는 이름 없는 존재들인 것입니다. 어머니는 마치 어린 시절에 자신의 어머니로부터 배웠던 수칙들을 딸에게 대물림함으로써 자신의 역할을 충실히 수행하고, 궁극적으로는 남성중심적 사회에서 딸의 (상품)가치를 높이려 애쓰고 있습니다. 어머니는 탈선의 가능성이 다분한－“the slut you are so bent on becoming”－딸이 좋은 남자를 만나 여성으로서 순탄한 삶을 살도록 만들기 위해 집안일에서 걸음걸이에 이르기까지 요조숙녀로서의 자질을 전수하며, 심지어 실수로 임신을 했을 때 중절을 하는 비법까지 가르치고 있는 것입니다. 이러한 어머니의 일방적인 요구에 대해서 딸의 저항은 허용되지 않습니다. 이탤릭 체로 된 부분이 가리키듯이 딸은 두 차례에 걸쳐 반응을 나타내지만 무시되거나 윽박지름을 당하고 맙니다. 이를 통해 가부장제의 사회에서 여성에게 기대되는 역할에 결코 일탈이 있을 수 없음을 암시한다고 볼 수 있습니다.

이 소설을 읽으면서 국내에는 『청혼』이라는 제목으로 개봉되었던 미국 영화 *The Bachelor*의 한 장면을 떠 올려보았습니다. 할아버지가 남긴 막대한 유산을 물려받기 위해서는 반드시 정해진 시간까지 결혼을 해야 하는 남자 주인공이 과거에 사귀던 여자친구에게 찾아가 느닷없이 청혼을 하자 그녀는 결혼이라는 제도를 거부한다고 말하면서 전통적인 결혼이 지닌 의미를 다음과 같이 설명합니다.

> It is a ritualized property transfer. Father/seller arrives with daughter/property who's wearing a white dress to guarantee the merchandise is, you know, unspoiled. A religious figure sanctifies the sale... and daughter-property becomes wife-property.

결혼은 "격식을 갖춘 재산의 양도"이고, 신부에게 흰 드레스를 입히는 이유는 딸이라는 상품에 티끌 하나 묻지 않았음을 입증하기 위해서이며, 이 속물적인 재산의 양도 과정을 성스럽게 장식하기 위해 성직자가 필요하다는 취지의 발언인데, 어쩌면 "Girl"의 내용과 무관하지 않은 것도 같습니다. 결론적으로 작가 Kincaid는 'Girl"에서 딸의 상품 가치를 높이려 애쓰는 어머니의 목소리를 통하여 여성이 상품으로 취급되는 가부장제적 자본주의 사회의 본질을 꿰뚫어보고 이를 우회적으로 비판하고 있다고 보아도 좋을 것입니다.

제9장

영미소설의 이해와 분석 3

"A Clean, Well- Lighted Place," "Fool's Paradise"

1. Ernest Hemingway의 "A Clean, Well-Lighted Place"

『노인과 바다』(*The Old Man and the Sea*)로 유명한 미국 소설가 Ernest Hemingway(1899-1961)의 단편 소설 "A Clean, Well-Lighted Place"(1926)를 공부하겠습니다. 이 이야기 속에는 늦은 밤, 어느 "깨끗하고 밝은" 술집을 배경으로 나이든 웨이터와 젊은 웨이터, 그리고 늦도록 술을 마시는 노인이 등장하며, 주로 이 노인에 대한 두 웨이터들의 태도가 그들이 나누는 대화를 통해 드러나고 있습니다. 즉 등장 인물의 성격을 그들이 주고 받는 대화를 통해 드러내는 간접적인 성격묘사(indirect characterization)의 수법을 활용하고 있습니다. 나이든 웨이터는 밤 늦도록 혼자 술을 마시는 노인에 대하여 동정적인 입장을 보여주며, 반면에 젊은 웨이터는 아내가 기다리는 집으로 빨리 돌아가고 싶은 마음에 그 노인을 홀대합니다. 이 작품을 읽으면서 각각의 대사가 누구의 것인지 분간

하여 보기 바랍니다.

A Clean, Well-Lighted Place

It was very late and everyone had left the cafe except an old man who sat in the shadow the leaves of the tree made against the electric light. In the day time the street was dusty, but at night the dew settled the dust and the old man liked to sit late because he was deaf and now at night it was quiet and he felt the difference. The two waiters inside the cafe knew that the old man was a little drunk, and while he was a good client they knew that if he became too drunk he would leave without paying, so they kept watch on him.

이 소설의 배경과 등장 인물이 소개되는 구절입니다. 늦은 밤 귀가 들리지 않는 노인이 조용한 카페에서 혼자 술을 마시고 있습니다. 단골 손님이기는 하지만 너무 취하면 술 값을 지불하지 않고 나갈지도 모르니까 두 명의 웨이터가 그를 지켜보고 있습니다.

"Last week he tried to commit suicide," one waiter said.

"Why?"

"He was in despair."

"What about?"

"Nothing."

"How do you know it was nothing?"

"He has plenty of money."

They sat together at a table that was close against the wall near the door of the cafe and looked at the terrace where the tables were all empty except where the old man sat in the shadow of the leaves of the tree that moved slightly in the wind. A girl and a soldier went by in the street. The street light shone on the brass number on his collar. The girl wore no head covering and hurried beside him.

"The guard will pick him up," one waiter said.

"What does it matter if he gets what he's after?"

"He had better get off the street now. The guard will get him. They went by five minutes ago."

두 명의 웨이터의 대화를 통하여 우리는 노인이 자살을 시도한 적이 있다는 사실을 알게 됩니다. 그들이 대화를 주고 받는 동안 카페 밖에 한 병사가 여자와 지나갑니다. 이를 보고 한 웨이터는 헌병이 그를 잡아갈지 모른다고 걱정을 하는 반면 다른 웨이터는 "어차피 그 친구 자기가 추구하는 것을 얻는다면 무슨 상관이겠어"라고 반문합니다. 즉 그 병사가 여자와 잘 된다면 잡혀가도 손해 볼 것은 없다는 뜻입니다. 나중 일이야 어찌 되었든 눈 앞의 목표를 성취하면 그것으로 족하다는 태도를 보여줍니다. 젊은이일까요? 아니면 나이든 웨이터일까요?

The old man sitting in the shadow rapped on his saucer with his glass. The younger waiter went over to him.

"What do you want?"

The old man looked at him. "Another brandy," he said.

"You'll be drunk," the waiter said. The old man looked at him. The waiter went away.

"He'll stay all night," he said to his colleague. "I'm sleepy now. I never get into bed before three o'clock. He should have killed himself last week."

The waiter took the brandy bottle and another saucer from the counter inside the cafe and marched out to the old man's table. He put down the saucer and poured the glass full of brandy.

"You should have killed yourself last week," he said to the deaf man. The old man motioned with his finger. "A little more," he said. The waiter poured on into the glass so that the brandy slopped over and ran down the stem into the top saucer of the pile. "Thank you," the old man said. The waiter took the bottle back inside the cafe. He sat down at the table with his colleague again.

노인이 브랜디 한 잔을 더 청하자 집에 빨리 돌아가고 싶은 젊은 웨이터는 그가 귀가 안 들린다는 것을 이용하여 "차라리 지난 주에 자살하시지 그랬어" 라는 무례한 말을 뱉어냅니다. 이제 차츰 그의 성격을 파악할 수 있겠습니까? 그렇다면 앞의 대화들 가운데 젊은 웨이터의 대사를 분간할 수 있을 것으로 믿습니다.

A: "He's drunk now," he said.
B: "He's drunk every night."
"What did he want to kill himself for?"
"How should I know?."
"How did he do it?"

"He hung himself with a rope."

"Who cut him down?"

"His niece."

"Why did they do it?"

"Fear for his soul."

"How much money has he got?"

"He's got plenty."

"He must be eighty years old."

"Anyway I should say he was eighty."

"I wish he would go home. I never get to bed before three o'clock. What kind of hour is that to go to bed?"

"He stays up because he likes it."

"He's lonely. I'm not lonely. I have a wife waiting in bed for me."

"He had a wife once too."

"A wife would be no good to him now."

"You can't tell. He might be better with a wife."

"His niece looks after him. You said she cut him down."

"I know." "I wouldn't want to be that old. An old man is a nasty thing."

"Not always. This old man is clean. He drinks without spilling. Even now, drunk. Look at him."

"I don't want to look at him. I wish he would go home. He has no regard for those who must work."

이제 누가 누구인지 알겠지요. A가 젊은 웨이터, B는 나이 든 웨이터입니다. 이 대화에서 노인에 대한 정보가 밝혀집니다. 80은 족히 되었다는 것, 아내 없이 조카딸이 그를 돌보아주고 있다는 것, 노인이지만 술 한 방울 흘리지 않을 정도로 깔끔하다는 것 등. 하지만 젊은 웨이터는 볼멘 소리를 늘어 놓습니다. 그의 머리 속에는 오로지 침대에서 기다리고 있는 아내의 모습만이 들어차 있기 때문입니다.

The old man looked from his glass across the square, then over at the waiters.

"Another brandy," he said, pointing to his glass. The waiter who was in a hurry came over.

"Finished," he said, speaking with that omission of syntax stupid people employ when talking to drunken people or foreigners. "No more tonight. Close now."

"Another," said the old man.

"No. Finished." The waiter wiped the edge of the table with a towel and shook his head.

The old man stood up, slowly counted the saucers, took a leather coin purse from his pocket and paid for the drinks, leaving half a peseta tip. The waiter watched him go down the street, a very old man walking unsteadily but with dignity.

노인이 브랜드를 한잔 더 청하자 젊은 웨이터는 오늘 밤에는 노인에게 더 이상 술을 팔지 않겠다고 매정하게 말합니다. 이에 노인은 술잔 받침을 세어서 술값을 계산한 다음 팁까지 남기고는 카페를 나섭니다. 불안정 하지만 위엄을 잃지 않으면서 말입니다.

"Why didn't you let him stay and drink?" the unhurried waiter asked. They were putting up the shutters. "It is not half-past two."

"I want to go home to bed."

"What is an hour?"

"More to me than to him."

"An hour is the same."

"You talk like an old man yourself. He can buy a bottle and drink at home."

"It's not the same."

"No, it is not," agreed the waiter with a wife. He did not wish to be unjust. He was only in a hurry.

"And you? You have no fear of going home before your usual hour?"

"Are you trying to insult me?"

"No, hombre[1], only to make a joke."

나이든 웨이터가 젊은 웨이터의 행동을 다소 나무랍니다. 끝부분의 "평상시 보다 일찍 집에 들어가는 것 걱정 않되나?"라는 나이든 웨이터의 질문-곧 농담을 했을 뿐이라고 사과를 하지만-을 젊은 웨이터가 "모욕"으로 받아들인 이유를 알겠습니까?

"No," the waiter who was in a hurry said, rising from pulling down the metal shutters. "I have confidence. I am all confidence."

"You have youth, confidence, and a job," the older waiter said. "You have everything."

---

1) man

"And what do you lack?"

"Everything but work."

"You have everything I have."

"No. I have never had confidence and I am not young."

"Come on. Stop talking nonsense and lock up."

젊은 웨이터가 자신감으로 넘치는데 비해서 나이든 웨이터는 자신감도 젊음도 지니고 있지 못하다고 고백합니다. 이제 차츰 그의 성격이 구체적으로 드러납니다.

"I am of those who like to stay late at the cafe," the older waiter said.

"With all those who do not want to go to bed. With all those who need a light for the night."

"I want to go home and into bed."

"We are of two different kinds," the older waiter said. He was now dressed to go home. "It is not only a question of youth and confidence although those things are very beautiful. Each night I am reluctant to close up because there may be some one who needs the cafe."

"Hombre, there are bodegas[2)] open all night long."

"You do not understand. This is a clean and pleasant cafe. It is well lighted. The light is very good and also, now, there are shadows of the leaves."

---

2) liquor store

나이든 웨이터는 자기도 노인처럼 늦도록 카페에 남아있고 싶다고 합니다. 잠을 이루지 못하는 사람들과 어두운 밤에 밝은 빛을 필요로 하는 삶들과 함께 말입니다. 젊은 웨이터가 밤새 술 파는 가게가 있다고 하자 자기가 원하는 것은 "깨끗하고 쾌적하며 조명이 잘된" 그리고 "그 불빛에 의해 나뭇잎의 그림자"가 드리워진 카페라고 말합니다. 이제 이 두 사람은 "종류가 서로 다른" 인물 유형임이 드러났습니다. 한 사람은 젊고, 자신감 넘치고, 즉물적인데 비해 다른 한 사람은 외롭고 허무와 절망감에 휩싸인 채 어둠을 두려워합니다.

"Good night," said the younger waiter.

"Good night," the other said. Turning off the electric light he continued the conversation with himself, It was the light of course but it is necessary that the place be clean and pleasant. You do not want music. Certainly you do not want music. Nor can you stand before a bar with dignity although that is all that is provided for these hours. What did he fear? It was not a fear or dread. It was a nothing that he knew too well. It was all a nothing and a man was a nothing too. It was only that and light was all it needed and a certain cleanness and order. Some lived in it and never felt it but he knew it all was nada y pues nada y nada y pues nada.[3] Our nada who art in nada, nada be thy name thy kingdom nada thy will be nada in nada as it is in nada. Give us this nada our daily nada and nada us our nada as we nada our nadas and nada us not into nada

3) nothing and then nothing and nothing and then nothing

but deliver us from nada; pues nada. Hail nothing full of nothing, nothing is with thee. He smiled and stood before a bar with a shining steam pressure coffee machine.

젊은 웨이터가 떠난 뒤 나이 든 웨이터는 어둠 속에서 혼잣말을 합니다. 무엇을 두려워하는가? 하지만 그를 괴롭히는 것은 두려움이 아니라 "허무"(nothing)입니다. 모든 것이 허무이며 인간도 허무 그 자체입니다. 이 상황에서 필요한 것은 카페가 그러하듯이 밝은 불빛과 깨끗함(cleanness)과 가지런함(order), 그리고 노인처럼 위엄 있는 태도라고 말합니다. "Our nada who art in nada. . ."는 주기도문 (Lord's Prayer)—"Our Father, who art in heaven, hallowed be thy name. Thy Kingdom come, thy will be done, on earth as it is in heaven. Give us this day our daily bread. Forgive us our trespasses, as we forgive those who trespass against us. And lead us not into temptation, but deliver us from evil. Amen."—을 패러디한 것입니다:

"What's yours?" asked the barman.
"Nada."
"Otro loco mas,"[4] said the barman and turned away.
"A little cup," said the waiter.
The barman poured it for him.
"The light is very bright and pleasant but the bar is unpolished,"

4) another crazy guy

the waiter said.

The barman looked at him but did not answer. It was too late at night for conversation.

"You want another copita?" the barman asked.

"No, thank you," said the waiter and went out. He disliked bars and bodegas. A clean, well-lighted cafe was a very different thing. Now, without thinking further, he would go home to his room. He would lie in the bed and finally, with daylight, he would go to sleep. After all, he said to himself, it's probably only insomnia. Many must have it.

집으로 돌아가는 도중 나이 든 웨이터는 바에 들러 커피를 한잔 마십니다. 이제 그는 집에 돌아가 잠을 청할 것입니다. 뒤척이다 동이 틀 무렵 잠이 들 것입니다. 그는 스스로를 위로합니다. 결국 그는 남들과 마찬가지로—"Many must have it"—불면증에 시달리는 것일 뿐이라고.

단락을 나누어 살펴보았으니 새삼 플롯과 배경에 대하여 언급할 필요는 없을 것 같습니다. 인물과 시점, 그리고 제목이 지닌 상징적 의미와 관련 지어 이 소설의 주제에 대하여 알아보겠습니다.

(1) 인물과 시점

여기서 초점의 대상은 나이 든 웨이터입니다. 3인칭 제한적 시점으로 전개되는 이 소설의 중심 또한 나이 든 웨이터입니다. 제한적이기는 하지만 소설은 그의 시선과 의식을 중심으로 통해 전개됩니다. 그는 기본적으로 삶을 허무하다고 생각하는 사람입니다. 그에게 이 어둡고 공허한 세계에서 인간이 의지할 수 있는 것은 카페가 그러하듯이 밝고 깨끗함입니다.

작가 Hemingway는 1차 세계 대전을 경험한 사람입니다. 1918년 적십자사 앰뷸런스의 운전병으로 이태리 전선에서 다리에 심한 부상을 입기도 했습니다. 1차 세계 대전은 유럽인들뿐만 아니라 전쟁에 참전한 미국인들에게도 심한 정신적 공황을 가져다 줍니다. 그 동안 쌓아 올린 유럽의 문명이 일시에 붕괴되어 버린 데에서 오는 공허감 같은 것입니다. 이른바 "잃어버린 세대"(lost generation), 즉 그 동안 세계를 떠받쳐온 전통적인 가치들을 송두리째 빼앗겨 버린 세대의 작가들 가운데 한 사람인 Hemingway는 소설에서 정신적으로 방황하며 무엇인가를 모색하는 인물들을 보여주는 경우가 많습니다. 이 소설의 나이든 웨이터도 바로 "헤밍웨이적 주인공"의 하나입니다. 삶을 공허로 받아들이며 그 삶을 견디게 할 무엇－여기서는 cleanness, light, order, dignity－을 모색한다는 점에서 그렇습니다.

(2) 주제

제목 "A Clean, Well-Lighted Place"는 소설의 배경인 밤이 상징하는 어두운 현실과 그 안에서의 외로움으로부터 벗어나게 해주는, 또는 그 현실 속에서 인간을 견디게 만들어주는 가치들을 상징한다고 볼 수 있습니다. 이 소설에서 단순하고 즉물적인 젊은 웨이터와는 달리, 절망과 허무를 뼈저리게 느끼는 노인과 나이든 웨이터가 카페에 집착하는 것은 바로 카페의 단정함과 밝은 불빛이 어지러운 현실로부터 도피할 수 있는 가치를 상징하고 있기 때문입니다. 그리고 그 속에서 위엄을 잃지 않는 것이 이 소설을 통해 작가 Hemingway가 제시하려는 삶의 방편인 것입니다.

2. Isaac Bashvis Singer의 "Fool's Paradise"

이어서 가벼운 소설 한 편을 읽어보도록 합시다. 유태계 미국 소설가이며 1978년 Nobel 문학상 수상작가인 Isaac Bashvis Singer (1904-1991)의 단편「바보의 천국」입니다. 어른들을 겨냥한 소설이라기 보다는 동화에 가까운 이야기로서 일종의 우화이지만 열심히 일하지 않고 놀고 먹는 것을 거의 노골적으로 동경하는 요즈음 우리 세태에 시기 적절한 읽을 거리가 될 수 있을 것 같습니다. 자세히 설명할 필요가 없을 만큼 단순하고, 길이도 비교적 짤막하니까 여러분이 각자 읽어 볼 것을 권합니다. 읽고 난 뒤 이 이야기가 전달하려는 메시지가 무엇인지를 각자 표현해 볼 것을 권합니다.

Fool's Paradise

Somewhere, sometime, there lived a rich man whose name was Kadish. He had an only son who was called Atzel. In the household of Kadish there lived a distant relative, an orphan girl, called Aksah. Atzel was a tall boy with black hair and black eyes.

Aksah was somewhat shorter than Atzel, and she had blue eyes and golden hair. Both were about the same age. As children, they ate together, studied together, played together. Atzel played the husband; Aksah, his wife. It was taken for granted that when they grew up they would really marry.

But when they had grown up, Atzel suddenly became ill. It was a sickness no one had ever heard of before: Atzel imagined that he was dead.

How did such an idea come to him? It seems it came from listening to stories about paradise. He had had an old nurse who had constantly described the place to him. She had told him that in paradise it was not necessary to work or to study or make any effort whatsoever. In paradise one ate the meat of wild oxen and the flesh of whales; one drank the wine that the Lord reserved for the just; one slept late into the day; and one had no duties.

Atzel was lazy by nature. He hated to get up early in the morning and to study languages and science. He knew that one day he would have to take over his father's business and he did not want to.

Since his old nurse had told Atzel that the only way to get to paradise was to die, he had made up his mind to do just that as quickly as possible. He thought and brooded about it so much that soon he began to imagine that he was dead.

Of course his parents became terribly worried when they saw what was happening to Atzel. Aksah cried in secret. The family did everything possible to try to convince Atzel that he was alive, but he refused to believe them. He would say, "Why don't you think I cannot get to paradise?"

Many doctors were called in to examine Atzel, and all tried to convince the boy that he was alive. They pointed out that he was talking, eating, and sleeping. But before long Atzel began to eat less and he rarely spoke. His family feared that he would die.

In despair Kadish went to consult a great specialist, celebrated for his knowledge and wisdom. His name was Dr. Yoetz. After listening to a description of Atzel's illness, he said to Kadish, "I promise to cure your son in eight days, on one condition. You must do whatever I tell you to, no matter how strange it may seem."

Kadish agreed, and Dr. Yoetz said he would visit Atzel that same day. Kadish went home to prepare the household. He told his wife, Aksah, and the servants that all were to follow the doctor's orders without question, and they did so.

When Dr. Yoetz arrived, he was taken to Atzel's room. The boy lay on his bed, pale and thin from fasting, his hair disheveled, his nightclothes wrinkled.

The doctor took one look at Atzel and called out, "Why do you keep a dead body in the house? Why don't you make a funeral?"

On hearing these words the parents became terribly frightened, but Atzel's face lit up with a smile and he said, "You see, I was right."

Although Kadish and his wife were bewildered by the doctor's words, they remembered Kadish's promise, and went immediately to make arrangements for the funeral.

Atzel now became so excited by what the doctor had said that he jumped out of bed and began to dance and clap his hands. His joy made him hungry and he asked for food. But Dr. Yoetz replied, "Wait, you will eat in paradise."

The doctor requested that a room be prepared to look like paradise. The walls were hung with white satin, and precious rugs covered the floors. The windows were shuttered, and draperies tightly drawn. Candles and oil lamps burned day and night. The servants were dressed in white with wings on their backs and were to play angels.

Atzel was placed in an open coffin, and a funeral ceremony was held. Atzel was so exhausted with happiness that he slept right through it. When he awoke, he found himself in a room he didn't recognize. "Where am I?" he asked.

"In paradise, my lord," a winged servant replied.

"I'm terribly hungry," Atzel said. "I'd like some whale flesh and sacred wine."

"In a moment, my lord."

The chief servant clapped his hands and a door opened through which there came men servants and maids, all with wings on their backs, bearing golden trays laden with meat, fish, pomegranates and persimmons, pineapples and peaches. A tall servant with a long white beard carried a golden goblet full of wine. Atzel was so starved that he ate ravenously. The angels hovered around him, filling his plate and goblet even before he had time to ask for more.

When he had finished eating. Atzel declared he wanted to rest. Two angels undressed and bathed him. Then they brought him a nightdress of fine embroidered linen, placed a nightcap with a tassel on his head, and carried him to a bed with silken sheets and a purple velvet canopy. Atzel immediately fell into a deep and happy sleep.

When he awoke, it was morning but it could just as well have been night. The shutters were closed, and the candles and oil lamps were burning. As soon as the servants saw that Atzel was awake, they brought in exactly the same meal as the day before.

"Why do you give me the same food as yesterday?"

Atzel asked. "Don't you have any milk, coffee, fresh rolls, and butter?"

"No, my lord. In paradise one always eats the same food," the servant replied.

"Is it already day, or is it still night?" Atzel asked.

"In paradise there is neither day nor night."

Dr. Yoetz had given careful instructions on how the servants were to talk to Atzel and behave toward him.

Atzel again ate the fish, meat, fruit, and drank the wine, but his appetite was not good as it had been. When he had finished his meal and washed his hands in a golden finger bowl, he asked, "What time is it?"

"In paradise, time does not exist," the servant answered.

"What shall I do now?" Atzel questioned.

"In paradise, my lord, one doesn't do anything."

"Where are the other saints?" Atzel inquired. "I'd like to meet them."

"In paradise the dwellings are too far from each other for visiting. It would take thousands of years to go from one to the other."

"When will my family come?" Atzel asked.

"Your father still has twenty years to live, your mother thirty. And as long as they live they can't come here."

"What about Aksah?"

"She has more than fifty years to live."

"Do I have to be alone all that time?"

"Yes, my lord."

For a while Atzel shook his head, pondering. Then he asked, "What is Aksah going to do?"

"Right now, she's mourning for you. But you know, my lord, that one cannot mourn forever. Sooner or later she will forget you, meet another young man, and marry. That's how it is with the living."

Atzel got up and began to walk to and fro. His long sleep and the rich food had restored his energy. For the first time in years lazy Atzel had a desire to do something, but there was nothing to do in his paradise.

For eight days Atzel remained in his false heaven, and from day to day he became sadder and sadder. He missed his father; he longed for his mother; he yearned for Aksah. Idleness did not appeal to him as it had in former times. Now he wished he had something to study; he dreamed of traveling; he wanted to ride his horse, to talk to friends. The food, which had so delighted him the first day, lost its flavor.

The time came when he could no longer conceal his sadness. He remarked to one of the servants, "I see now that it is not as bad to live as I had thought."

"To live, my lord, is difficult. One has to study, work, do business. Here everything is easy," the servant consoled him.

"I would rather chop wood and carry stones than sit here. And how long will this last?"

"Forever."

"Stay here forever?" Atzel began to tear his hair in grief. "I'd rather kill myself."

On the eighth day, when it seemed that Atzel had reached the deepest despair, one of the servants, as had been arranged, came to him and said, "My lord, there had been a mistake. You are not dead. You must leave paradise."

"I'm alive?"

"Yes, you are alive, and I will bring you back to earth."

Atzel was beside himself with joy. The servant blindfolded him, and after leading him back and forth through the long corridors of the house, brought him to the room where his family was waiting and uncovered his eyes.

It was a bright day, and the sun shone through the open windows. A breeze from the surrounding fields and orchards freshened the air. In the garden outside, the birds were singing and the bees buzzing as they flew from flower to flower. From the barns and stables Atzel could hear the mooing of cows and the neighing of horses. Joyfully he embraced and kissed his parents and Aksah.

"I didn't know how good it was to be alive," he cried out.

And to Aksah he said: "Haven't you met another young man while I was away? Do you still love me?"

"Yes, I do, Atzel. I could not forget you."

"If that is so, it is time we got married."

It was not long before the wedding took place. Dr. Yoetz was the guest of honor. Musicians played; guests came from faraway cities. Some came on horseback, some drove mules, and rode camels. All brought fine gifts for the bride and groom, in gold, silver, ivory, and assorted precious stones. The celebration lasted seven days and seven nights. It was one of the gayest weddings that old men had ever remembered. Atzel and Aksah were extremely happy, and both lived to a ride old age. Atzel stopped being lazy and became the most diligent merchant in the whole region. His trading caravans traveled as far as Baghdad and India.

It was not until after the wedding that Atzel learned how Dr. Yoetz had cured him, and that he had lived in a fool's paradise. In the years to come he often talked with Aksah about his adventures, and later they told the tale of Dr. Yoetz's wonderful cure to their children and grandchildren, always finishing with the words, "But, of course, what paradise is really like, no one can tell."

제10장

영미소설의 이해와 분석 4

"Araby," "A Rose for Emily"

1. James Joyce의 "Araby"

이 작품은 Ireland 태생의 노벨상 수상작가 James Joyce(1882-1941)의 단편집 『더블린 사람들』(*Dubliners*)(1914)에 수록된 15편의 단편들 가운데 하나입니다. 제목 그대로 아일랜드의 수도 더블린을 배경으로 다양한 인간 군상을 보여주는데, 우리가 살펴볼 "Araby"(아랍 풍물전)는 이제 막 사랑에 눈뜨기 시작한 한 사춘기 소년을 주인공으로 하는 이야기입니다. 이 소설은 이제 성인이 된 화자가 소년시절의 체험을 회고하는 일인칭 주인공 시점으로 구성되어 있습니다. 먼저 단락별로 나누어 중요한 구절들을 살펴보고, 내용을 파악한 다음 작품의 주제를 알아보도록 하겠습니다.

Araby

North Richmond Street, being blind[1], was a quiet street except at the hour when the Christian Brothers' School set the boys free. An uninhabited house of two storeys[2]stood at the blind end, detached from its neighbours in a square ground. The other houses of the street, conscious of decent lives within them, gazed at one another with brown imperturbable[3] faces.

이 소설이 전개될 공간적 배경이 소개됩니다. 막다른 골목과 사람이 살지 않는 외딴집, 그리고 집들의 색깔을 나타내는 “brown” 등이 어우러져 고적하고 가라앉은 분위기를 자아냅니다.

The former tenant of our house, a priest, had died in the back drawing-room. Air, musty from having been long enclosed, hung in all the rooms, and the waste room behind the kitchen was littered with old useless papers. Among these I found a few paper-covered books, the pages of which were curled and damp: *The Abbot*, by Walter Scott, *The Devout Communicant*, and *The Memoirs of Vidocq*. I liked the last best because its leaves were yellow. The wild garden behind the house contained a central apple-tree and a few straggling bushes, under one of which I found the late tenant's rusty bicycle-pump. He had been a very charitable

1) 막다른 골목에 있기 때문에
2) Stories: 층
3) 무관심한

priest; in his will he had left all his money to institutions and the furniture of his house to his sister.

소년이 사는 집에 세 들어 살다가 죽은 신부를 언급합니다. 곰팡내 나는 방, 쓰레기들, 습기를 먹어 말려진 책장들이 앞의 을씨년스러운 풍경을 더해줍니다. 돌보지 않은 정원 한가운데 서있는 사과나무는 에덴 동산을 연상시키면서 묘하게 종교적 여운을 더해줍니다. 한마디로 주인공 소년은 "Christian Brothers' School", 신부, 그가 보던 책들이 암시하듯이 종교적 분위기에 휩싸여 있습니다.

When the short days of winter came, dusk fell before we had well eaten our dinners. When we met in the street the houses had grown sombre. The space of sky above us was the colour of ever-changing violet and towards it the lamps of the street lifted their feeble lanterns. The cold air stung us and we played till our bodies glowed. Our shouts echoed in the silent street. The career of our play brought us through the dark muddy lanes behind the houses, where we ran the gauntlet of the rough tribes from the cottages, to the back doors of the dark dripping gardens where odours arose from the ashpits, to the dark odorous stables where a coachman smoothed and combed the horse or shook music from the buckled harness.[4] When we returned to the street, light from

---

4) 우리들 놀이의 경로는 집들 뒤의 진흙 길을 지나 거기서 오두막에서 나온 거친 사람들로부터 한 차례 공격을 당하고 잿구덩이에서 냄새가 피어 오르는 어둡고 질퍽한 정원의 뒷문으로 향하며, 마부가 말을 쓰다듬고 빗질하거나 마구를 흔들어 음악 소리를 만들어내는 어둡고 냄새 나는 마구간으로 이어졌다.

the kitchen windows had filled the areas. If my uncle was seen turning the corner, we hid in the shadow until we had seen him safely housed. Or if Mangan's sister came out on the doorstep to call her brother in to his tea, we watched her from our shadow peer up and down the street. We waited to see whether she would remain or go in and, if she remained, we left our shadow and walked up to Mangan's steps resignedly. She was waiting for us, her figure defined by the light from the half-opened door. Her brother always teased her before he obeyed, and I stood by the railings looking at her. Her dress swung as she moved her body, and the soft rope of her hair tossed from side to side.

주인공 소년이 겨울 저녁 동네 친구들과 놀이하는 내용을 담고 있으며 친구 가운데 한명인 Mangan의 누이가 소개됩니다. 그녀가 바로 주인공의 연모의 대상입니다. "반쯤 열려진 문틈으로 새어 나온 불빛이 윤곽을 비추는 그녀의 모습," "그녀가 몸을 움직이는 대로 흔들리는 드레스와, 좌우로 흔들리는 부드러운 머리 타래" 등의 감각적 묘사가 그녀를 향한 주인공의 연정을 구체화시키고 있습니다.

Every morning I lay on the floor in the front parlour watching her door. The blind was pulled down to within an inch of the sash so that I could not be seen. When she came out on the doorstep my heart leaped. I ran to the hall, seized my books and followed her. I kept her brown figure always in my eye and, when we came near the point at which our ways diverged, I quickened my pace and passed her. This happened morning after morning. I had never spoken to her, except for a few casual words, and yet her name was like a summons to all my foolish blood.

소년은 아침마다 창문 틈으로 그녀의 집을 지켜보다가 그녀가 집을 나서면 따라가 서로의 길이 갈라지는 곳에서 걸음을 재촉하여 그녀 앞으로 지나칩니다. 학창 시절에 이런 경험들 없습니까? 좋아하는 여학생이 버스에 올라타는 순간 뒤에 있다가 앞으로 나서며 먼저 버스에 올라타는. 이런 식으로 자기의 존재를 알리고 주목 받으려는 것입니다. 말은 한 마디 건네지도 못하면서 "그녀의 이름은 내 어리석은 혈기를 불러모으는 소환장 같았다"고 말합니다.

Her image accompanied me even in places the most hostile to romance.[5] On Saturday evenings when my aunt went marketing I had to go to carry some of the parcels. We walked through the flaring streets, jostled by drunken men and bargaining women, amid the curses of labourers, the shrill litanies of shop-boys[6] who stood on guard by the barrels of pigs' cheeks, the nasal chanting of street-singers, who sang a *come-all-you* about O'Donovan Rossa[7], or a ballad about the troubles in our native land. These noises converged in a single sensation of life for me: I imagined that I bore my chalice safely through a throng of foes. Her name sprang to my lips at moments in strange prayers and praises which I

5) 로맨스에 가장 적대적인, 즉 가장 어울리지 않은 장소들
6) 가게 점원 아이들이 연속해서 질러대는 시끄러운 소리
7) 아일랜드의 독립투사

myself did not understand. My eyes were often full of tears (I could not tell why) and at times a flood from my heart seemed to pour itself out into my bosom. I thought little of the future. I did not know whether I would ever speak to her or not or, if I spoke to her, how I could tell her of my confused adoration. But my body was like a harp and her words and gestures were like fingers running upon the wires.

그녀의 모습은 늘 그의 뇌리를 떠나지 않습니다. 심지어 남녀의 사랑과는 무관한 장소, 즉 소년이 얹혀 살고 있는 숙모를 따라 시끄러운 시장 터에 갔을 때에도 들려오는 모든 소음이 한 곳으로 모아져 단 하나의 느낌을 만들어 냅니다. 그 느낌이란 자기가 적의 무리를 뚫고 성배를 안전하게 운반하고 있다는, 다시 말해 이 북새통에서도 그녀를 향한 소중한 사랑을 가슴 깊이 간직해야 한다는 사명감으로 발전하는 것입니다. 이 단락의 마지막 구절은 학창시절 이 소설을 처음 읽었을 때부터 여전히 저를 감동시키는 부분입니다. "내 몸은 하프와 같았고 그녀의 말과 몸짓은 하프의 현을 타고 흐르는 손가락들 같았다."는 구절 말입니다.

One evening I went into the back drawing-room in which the priest had died. It was a dark rainy evening and there was no sound in the house. Through one of the broken panes I heard the rain impinge upon the earth, the fine incessant needles of water playing in the sodden beds. Some distant lamp or lighted window gleamed below me. I was thankful that I could see so little. All my senses seemed to desire to veil themselves and, feeling that I was about to slip from them, I pressed the palms of my hands together until they trembled, murmuring: '*O love! O love!*' many times.

창밖에 비가 내리는 어두운 저녁 소년은 애써 그 감정을 억누르려 손을 꼭 쥐어보지만 그 순간 터져 나오는 "오 사랑"을 막을 길이 없습니다.

At last she spoke to me. When she addressed the first words to me I was so confused that I did not know what to answer. She asked me was I going to *Araby*. I forgot whether I answered yes or no. It would be a splendid bazaar; she said she would love to go.

'And why can't you?' I asked.

While she spoke she turned a silver bracelet round and round her wrist. She could not go, she said, because there would be a retreat that week in her convent. Her brother and two other boys were fighting for their caps, and I was alone at the railings. She held one of the spikes, bowing her head towards me. The light from the lamp opposite our door caught the white curve of her neck, lit up her hair that rested there and, falling, lit up the hand upon the railing. It fell over one side of her dress and caught the white border of a petticoat, just visible as she stood at ease.

'It's well for you,' she said.

'If I go,' I said, 'I will bring you something.'

마침내 소년은 그녀에게 말을 건넵니다. 그녀는 아랍 풍물전－어느 병원을 돕기 위한 일종의 바자회로 입장료가 1 shilling이었다고 그 당시의 포스터에 기록되었답니다－에 가냐고 묻고 자신은 수녀원 학교에서 피정(retreat)이 있어서 못 간다고 하자 소년은 자기가 가서 뭔가 사다 주겠노라고 덜컥 약속을 합니다. 불 빛에 비친 그녀의 목선과 머리칼, 손에 대한 감각적 묘사는 Mangan의 누이를 향한 화자(소년)의 연정을 잘 드러내는 대목입니다.

What innumerable follies laid waste my waking and sleeping thoughts after that evening! I wished to annihilate the tedious intervening days. I chafed against the work of school. At night in my bedroom and by day in the classroom her image came between me and the page I strove to read. The syllables of the word *Araby* were called to me through the silence in which my soul luxuriated and cast an Eastern enchantment over me. I asked for leave to go to the bazaar on Saturday night. My aunt was surprised, and hoped it was not some Freemason affair. I answered few questions in class. I watched my master's face pass from amiability to sternness; he hoped I was not beginning to idle. I could not call my wandering thoughts together. I had hardly any patience with the serious work of life which, now that it stood between me and my desire, seemed to me child's play, ugly monotonous child's play.

그날부터 소년은 자나 깨나 Araby에 갈 토요일 저녁만을 손꼽아 기다립니다. 책장을 넘기면 온통 그녀의 모습만 떠오르고 학교에 가서도 선생님의 질문에 거의 답을 하지 못할 정도로 공부가 시들해집니다. 오로지 그녀를 향한 감정만이 중요할 뿐 학교 공부를 비롯한 "삶의 진지한 일"들이 자신의 열망을 방해하는 "추하고 재미없는 애들 장난"으로 느껴지는 것입니다.

On Saturday morning I reminded my uncle that I wished to go to the bazaar in the evening. He was fussing at the hallstand, looking for the hat-brush, and answered me curtly:

'Yes, boy, I know.'

As he was in the hall I could not go into the front parlour and lie at the window. I left the house in bad humour and walked slowly towards the school. The air was pitilessly raw and already my heart misgave me.

토요일 아침 삼촌에게 Araby에 간다는 사실을 상기시켰지만 삼촌의 반응이 신통치 않아 소년은 걱정스럽습니다.

When I came home to dinner my uncle had not yet been home. Still it was early. I sat staring at the clock for some time and, when its ticking began to irritate me, I left the room. I mounted the staircase and gained the upper part of the house. The high, cold, empty, gloomy rooms liberated me and I went from room to room singing. From the front window I saw my companions playing below in the street. Their cries reached me weakened and indistinct and, leaning my forehead against the cool glass, I looked over at the dark house where she lived. I may have stood there for an hour, seeing nothing but the brown-clad figure cast by my imagination[8],

8) 내 상상력이 빚어낸 갈색 옷을 입은 그녀의 모습

touched discreetly by the lamplight at the curved neck, at the hand upon the railings and at the border below the dress.

When I came downstairs again I found Mrs. Mercer sitting at the fire. She was an old, garrulous woman, a pawnbroker's widow, who collected used stamps for some pious purpose. I had to endure the gossip of the tea-table. The meal was prolonged beyond an hour and still my uncle did not come. Mrs. Mercer stood up to go: she was sorry she couldn't wait any longer, but it was after eight o'clock and she did not like to be out late, as the night air was bad for her. When she had gone I began to walk up and down the room, clenching my fists. My aunt said: 'I'm afraid you may put off your bazaar for this night of Our Lord.'

삼촌이 돌아 오기만을 기다리는 소년의 마음은 초조합니다. 그러나 그의 귀가는 늦어지고 찾아온 손님이 떠난 뒤 숙모는 "아무래도 우리 주님의 이 밤을 위해 바자회에 가는 것을 미뤄야 할까 보다"라고 소년을 실망시킵니다. 지금까지 살펴보았듯이 소년의 주변은 매우 종교적인 분위기를 자아내고 있습니다. 소설의 처음에서 언급되었던 "Christian Brothers' School", 숙모의 집에 세 들어 살던 신부, 소녀가 다니는 수녀원 학교, "Araby"에 간다고 하자 마치 무슨 결사조직과 관련된 일－Freemason affair－이 아닐까 걱정하는 숙모, 종교적인 이유로, 아마 자선 사업과 관련하여 헌 우표를 모으러 다니는 동네 아줌마 등이 그렇습니다. 소년 또한 그 영향을 받아 시장에서 손님을 끌려고 연달아 지르는 고함 소리를 'litany"(연도)에 비유하며 가슴 속에 품은 소녀를 향한 사랑을 예수 그리스도가 최후의 만찬에서 사용했던 성배에 비유하고 있는 것입니다.

At nine o'clock I heard my uncle's latchkey in the hall door. I heard him talking to himself and heard the hallstand rocking when it had received the weight of his overcoat. I could interpret these signs. When he was midway through his dinner I asked him to give me the money to go to the bazaar. He had forgotten.

'The people are in bed and after their first sleep now,' he said.

I did not smile. My aunt said to him energetically:

'Can't you give him the money and let him go? You've kept him late enough as it is.'

My uncle said he was very sorry he had forgotten. He said he believed in the old saying: 'All work and no play makes Jack a dull boy.' He asked me where I was going and, when I told him a second time, he asked me did I know *The Arab's Farewell to his Steed*. When I left the kitchen he was about to recite the opening lines of the piece to my aunt.

9시가 되어 마침내 돌아온 삼촌은 소년이 그날 아침에도 상기시켜드렸던 Araby를 까맣게 잊어버렸습니다. 소년은 마침내 숙모의 도움으로 어렵사리 돈을 받아냅니다.

I held a florin[9)] tightly in my hand as I strode down Buckingham Street towards the station. The sight of the streets thronged with buyers and glaring with gas recalled to me the purpose of my journey. I took my seat in a third-class carriage of a deserted train. After an intolerable delay the train moved out of the station slowly.

9) 2 실링 짜리 동전

It crept onward among ruinous houses and over the twinkling river. At Westland Row Station a crowd of people pressed to the carriage doors; but the porters moved them back, saying that it was a special train for the bazaar. I remained alone in the bare carriage. In a few minutes the train drew up beside an improvised wooden platform. I passed out on to the road and saw by the lighted dial of a clock that it was ten minutes to ten. In front of me was a large building which displayed the magical name.

소년은 삼촌으로부터 받은 동전을 꼭 쥐고 바자회에 가는 텅 빈 특별 열차에 올라 탑니다. 도착하니 이미 시간은 10시 10분전 입니다.

I could not find any sixpenny entrance and, fearing that the bazaar would be closed, I passed in quickly through a turnstile[10], handing a shilling to a weary-looking man. I found myself in a big hall girded at half its height by a gallery. Nearly all the stalls were closed and the greater part of the hall was in darkness. I recognized a silence like that which pervades a church after a service. I walked into the centre of the bazaar timidly. A few people were gathered about the stalls which were still open. Before a curtain, over which the words *Café Chantant* were written in coloured lamps, two men were counting money on a salver. I listened to the fall of the coins.

바자회는 이미 문을 닫을 준비를 하고 있습니다. 소년은 들어선

10) 회전문

건물에서 예배가 끝난 뒤 교회 안에 퍼져있는 것과 같은 정적을 느낍니다.

Remembering with difficulty why I had come, I went over to one of the stalls and examined porcelain vases and flowered tea-sets. At the door of the stall a young lady was talking and laughing with two young gentlemen. I remarked their English accents and listened vaguely to their conversation.

'O, I never said such a thing!'

'O, but you did!'

'O, but I didn't!'

'Didn't she say that?'

'Yes. I heard her.'

'O, there's a... fib[11]!'

아직 열려 있는 가게 입구에서는 영국식 억양의 젊은 남녀들이 싱거운 농담을 주고 받고 있습니다.

Observing me, the young lady came over and asked me did I wish to buy anything. The tone of her voice was not encouraging; she seemed to have spoken to me out of a sense of duty. I looked humbly at the great jars that stood like eastern guards at either side of the dark entrance to the stall and murmured:

'No, thank you.'

The young lady changed the position of one of the vases and

---

11) lie

went back to the two young men. They began to talk of the same subject. Once or twice the young lady glanced at me over her shoulder.

소년을 보자 무리들 가운데 젊은 여자가 다가와 성의 없이 무얼 사겠냐고 묻고 이에 심기가 불편한 소년은 없다고 말합니다. 그녀는 다시 종전에 나누던 대화로 되돌아가고 어깨 너머로 한 두 번 소년을 힐끗 쳐다봅니다.

I lingered before her stall, though I knew my stay was useless, to make my interest in her wares seem the more real. Then I turned away slowly and walked down the middle of the bazaar. I allowed the two pennies to fall against the sixpence in my pocket. I heard a voice call from one end of the gallery that the light was out. The upper part of the hall was now completely dark.

소년은 소녀에게 가져다 줄 선물 고르기를 포기하고 이제 불을 끄고 문을 닫으려는 바자회장을 나서려 합니다.

Gazing up into the darkness I saw myself as a creature driven and derided by vanity; and my eyes burned with anguish and anger.

소설은 "어둠 속을 응시하며 나는 스스로를 허영에 이끌려 조롱당한 짐승이라 생각했다. 내 눈은 고통과 분노로 타올랐다"는 충격적인 문장으로 마감됩니다.

바로 이 마지막 문장이 어쩌면 이 소설의 핵심으로서 주제와 관련되어 있다고 할 수 있습니다. 그토록 열망하던 바자회에, 그것도 사랑하는 소녀에게 선물을 사다 주어야 한다는 사명감을 띠고 온 소년을 고통과 분노로 몰아넣고 스스로를 폄하하도록 만든 것은 과연 무엇일까요? 이 소설을 학생들과 읽고 나서 그 이유를 물어보면 다양한 반응들이 나옵니다. "가진 돈은 얼마 없는데 바자회장의 물건들은 크고 비싼 화병 같은 것들이어서 소년이 자신의 가난을 원망했기 때문이다"라는 재미있는 해석에서부터 "점원 여자가 알고 보니 Mangan의 누이였다. 피정 간다고 해놓고 바자회장에 와서 다른 남자들과 희희덕 거리는 것을 보고 소년은 '속았다'는 기분이 들었기 때문이다"와 같은 근거 없는 억측에 이르기까지 이 마지막 문장은 그야말로 다채롭게 해석됩니다. 여러분들 생각은 어떻습니까?

이런 해석도 가능할 것입니다. 이 소설은 무엇보다도 일종의 성장기 소설, 즉 사춘기 소년이 이성에 대한 사랑에 눈을 떠 가는 내용입니다. 여기서 소년이 간직한 사랑의 성격을 알아볼 필요가 있습니다. 무엇보다도 소년에게 Mangan의 누이를 향한 사랑은, 그를 에워싼 분위기에서도 알 수 있듯이 "로맨스와 가장 적대적인 장소에서" (in places the most hostile to romance), 적의 무리를 뚫고 운반하는 성배에 비유될 정도로 종교적인 것입니다. Romance는 제7장에서 언급하였듯이 기사도의 무용담을 담고 있습니다. 그 속에는 위험을 무릅쓰고 성배를 찾아 운반하는 모험이 포함되기도 합니다. 사랑이 깊어 가면서 소년은 주위로부터 소외되어 갑니다. 학교 공부로부터 그리고 친구들로부터 말입니다. 다시 말해서 그녀를 향한 사랑은 지금까지 소년이 주위와 맺어온 관계를 시들하게 만들 정도로 성스러운 것입니다. 그러나 바자회장에 가서 소년이 발견한 것은 성스러울 정도의 그의 사랑과 거리가 먼 남녀의 희희덕거리는 모습입니다. 그것을 목격하면서 소년이 환멸을 느낀 이유는 "남녀관계란 결국 저렇게 속물적인 것이 아닐까"하는 회의 때문이었을지도 모릅니다.

소년에게 사랑은 종교입니다. 하지만 그녀에게 자신의 사랑을 확인시킬 수 있는 선물을 사러 어렵사리 찾아간 바자회장의 분위기는 "예배가 끝난 뒤에 교회에 스며있는 정적"(a silence like that which pervades a church after a service)을 환기시키고 또 그 안에서는 "두 남자가 접시에 든 돈을 세고 있는"(two men were counting money on a salver), 즉 마가복음(Mark 11:15)에 나오듯이 성전에서 환전하는 무리를 연상시킬 정도의 매우 세속적인 장면이 펼쳐지고 있는 것입니다. 그리고 농담을 주고받는 남녀를 목격하면서 소년은 사랑을 종교적인 것으로 승화시키려 했던, 아니 그 사랑이 종교적이라고 믿었던 자신의 허영심에 대하여 분노를 느낍니다. 또한 그것은 고통스러운 깨달음이기도 한 것입니다.

2. William Faulkner의 "A Rose For Emily"

이어서 미국 소설가 William Faulkner(1879-1962)의 단편 "A Rose for Emily"(1930)를 공부하겠습니다. 「에밀리에게 바치는 장미」라는 낭만적인 제목과는 달리 이 소설은 다소 엽기적인 내용을 담고 있습니다. 내용을 간추리면 다음과 같습니다.

배경은 남북 전쟁이 끝나고 40년 가까이 지난 미국 남부의 Jefferson이라는 마을입니다. 남북 전쟁 이전에는 잘 나갔던 집안의 노처녀 Emily Grierson이 죽었습니다. 이야기는 세월을 거슬러 올라가 그녀가 살아있을 때의 기이한 행동과 미궁의 사건을 다루고 있습니다. 미궁의 사건이란 이렇습니다. 딸의 문밖 출입을 막던 아버지가 죽고 난 지 얼마 후 Emily는 마을에 흘러 들어온 Homer Baron이라는 북부출신 청년과 동네에 모습을 종종 드러냅니다. 남부의 자존심이기도 한 그녀가 Yankee와 나다니는 것은 마을 사람들에게는 일종의 스캔들이었습니다. 그러던 어느 날 그녀가 약국에서 쥐약으로 쓴다며 비소(arsenic)라는 극약을 사가고 Homer Baron이 마을에 모습을 나타내지 않습니다. 마찬가지로 Emily도 두문불출하기 시작합니다. 한편 그녀의 집에서는 고약한 냄새가 풍겨 나오고 마을 사람들은 석회를 사다가 그녀의 집 주변에 몰래 뿌리기도 합니다.

Emily가 죽고 그녀의 집에서는 오랫동안 닫혀있던 방 하나가 마침내 그 모습을 드러냅니다. 그리고 그 속에서 사람들은 충격적인 장면을 발견합니다. 오래 전에 실종되었던 Homer Baron이 해골이 된 채 침대에 누워있었던 것입니다. 그리고 더욱 충격적인 것은 그 옆에 놓여진 베개에는 최근까지 누군가 누워있었던 흔적이 남아 있었다는 것입니다. Emily의 흰 머리카락 한 올과 함께.

이 소설을 읽고 나서 다음과 같은 사항들을 고려해봅시다.

1. Emily Grierson의 성격을 분석해봅시다.
2. 이 소설의 시점을 알아봅시다.

3. Jefferson 마을 사람들에게 Emily는 다음과 같은 존재입니다: "Alive, Miss Emily had been a tradition, a duty, and a care; a sort of hereditary obligation upon the town." 왜 Jeffeson 시는 Emily를 보호하였는지 그 이유를 설명하여 보기 바랍니다. 이는 이 작품의 주제와 밀접한 관련이 있기 때문입니다.
4. Emily는 왜 Homer Baron을 살해할 수밖에 없었는지 그 이유를 설명해보도록 합시다.

A Rose For Emily

I

When Miss Emily Grierson died, our whole town went to her funeral: the men through a sort of respectful affection for a fallen monument, the women mostly out of curiosity to see the inside of her house, which no one save an old manservant--a combined gardener and cook--had seen in at least ten years.

It was a big, squarish frame house that had once been white, decorated with cupolas and spires and scrolled balconies in the heavily lightsome style of the seventies, set on what had once been our most select street. But garages and cotton gins had encroached and obliterated even the august names of that neighborhood; only Miss Emily's house was left, lifting its stubborn and coquettish decay above the cotton wagons and the gasoline pumps--an eyesore among eyesores. And now Miss Emily had gone to join the representatives of those august names where they lay in the cedar-bemused cemetery among the ranked and anonymous graves of Union and Confederate soldiers who fell at the battle of Jefferson.

Alive, Miss Emily had been a tradition, a duty, and a care; a sort of hereditary obligation upon the town, dating from that day in 1894 when Colonel Sartoris, the mayor--he who fathered the edict that no Negro woman should appear on the streets without an apron--remitted her taxes, the dispensation dating from the death of her father on into perpetuity. Not that Miss Emily would have accepted charity. Colonel Sartoris invented an involved tale to the effect that Miss Emily's father had loaned money to the town, which the town, as a matter of business, preferred this way of repaying. Only a man of Colonel Sartoris' generation and thought could have invented it, and only a woman could have believed it.

When the next generation, with its more modern ideas, became mayors and aldermen, this arrangement created some little dissatisfaction. On the first of the year they mailed her a tax notice. February came, and there was no reply. They wrote her a formal letter, asking her to call at the sheriff's office at her convenience. A week later the mayor wrote her himself, offering to call or to send his car for her, and received in reply a note on paper of an archaic shape, in a thin, flowing calligraphy in faded ink, to the effect that she no longer went out at all. The tax notice was also enclosed, without comment.

They called a special meeting of the board of aldermen. A deputation waited upon her, knocked at the door through which no visitor had passed since she ceased giving china-painting lessons eight or ten years earlier. They were admitted by the old Negro into a dim hall from which a stairway mounted into still more shadow. It smelled of dust and disuse--a close, dank smell. The Negro led them into the parlor. It was furnished in heavy, leather-covered furniture. When the Negro opened the blinds of one window, they could see that the leather was cracked; and when they sat down, a faint dust rose sluggishly about their thighs, spinning with slow motes in the single sunray. On a tarnished gilt easel before the fireplace stood a crayon portrait of Miss Emily's father.

They rose when she entered--a small, fat woman in black, with a thin gold chain descending to her waist and vanishing into her belt, leaning on an ebony cane with a tarnished gold head. Her skeleton was small and spare; perhaps that was why what would have been merely plumpness in another was obesity in her. She looked bloated, like a body long submerged in motionless water, and of that pallid hue. Her eyes, lost in the fatty ridges of her face, looked like two small pieces of coal pressed into a lump of dough as they moved from one face to another while the visitors stated their errand.

She did not ask them to sit. She just stood in the door and listened quietly until the spokesman came to a stumbling halt. Then they could hear the invisible watch ticking at the end of the gold chain.

Her voice was dry and cold. “I have no taxes in Jefferson. Colonel Sartoris explained it to me. Perhaps one of you can gain access to the city records and satisfy yourselves.”

“But we have. We are the city authorities, Miss Emily. Didn't you get a notice from the sheriff, signed by him?”

"I received a paper, yes," Miss Emily said. "Perhaps he considers himself the sheriff.... I have no taxes in Jefferson."

"But there is nothing on the books to show that, you see. We must go by the--"

"See Colonel Sartoris. I have no taxes in Jefferson."

"But, Miss Emily--"

"See Colonel Sartoris."(Colonel Sartoris had been dead almost ten years.) "I have no taxes in Jefferson. Tobe!" The Negro appeared. "Show these gentlemen out."

II

So she vanquished them, horse and foot, just as she had vanquished their fathers thirty years before about the smell. That was two years after her father's death and a short time after her sweetheart--the one we believed would marry her--had deserted her. After her father's death she went out very little; after her sweetheart went away, people hardly saw her at all. A few of the ladies had the temerity to call, but were not received, and the only sign of life about the place was the Negro man --a young man then--going in and out with a market basket.

"Just as if a man--any man--could keep a kitchen properly," the ladies said; so they were not surprised when the smell developed. It was another link between the gross, teeming world and the high and mighty Griersons.

A neighbor, a woman, complained to the mayor, Judge Stevens, eighty years old.

"But what will you have me do about it, madam?" he said.

"Why, send her word to stop it," the woman said. "Isn't there a law?"

"I'm sure that won't be necessary," Judge Stevens said. "It's probably just a snake or a rat that nigger of hers killed in the yard. I'll speak to him about it."

The next day he received two more complaints, one from a man who came in diffident deprecation. "We really must do something about it, Judge. I'd be the last one in the world to bother Miss Emily, but we've got to do something." That night the board of aldermen met--three greybeards and one younger man, a member of the rising generation.

"It's simple enough," he said. "Send her word to have her place cleaned up. Give her a certain time to do it in, and if she don't. . ."

"Damn it, sir," Judge Stevens said, "will you accuse a lady to her face of smelling bad?"

So the next night, after midnight, four men crossed Miss Emily's lawn and slunk about the house like burglars, sniffing along the base of the brickwork and at the cellar openings while one of them performed a regular sowing motion with his hand out of a sack slung from his shoulder. They broke open the cellar door and sprinkled lime there, and in all the outbuildings. As they recrossed the lawn, a window that had been dark was lighted and Miss Emily sat in it, the light behind her, and her upright torso motionless as that of an idol. They crept quietly across the lawn and into the shadow of the locusts that lined the street. After a week or two the smell went away.

That was when people had begun to feel really sorry for her. People in our town, remembering how old lady Wyatt, her great-aunt, had gone completely crazy at last, believed that the Griersons held themselves a little too high for what they really were. None of the young men were quite good enough to Miss Emily and such. We had long thought of them as a tableau; Miss Emily a slender figure in white in the background, her father a spraddled silhouette in the foreground, his back to her and clutching a horsewhip, the two of them framed by the backflung front door. So when she got to be thirty and was still single, we were not pleased exactly, but vindicated; even with insanity in the family she wouldn't have turned down all of her chances if they had really materialized.

When her father died, it got about that the house was all that was left to her; and in a way, people were glad. At last they could pity Miss Emily. Being left alone, and a pauper, she had become humanized. Now she too would know the old thrill and the old despair of a penny more or less.

The day after his death all the ladies prepared to call at the house and offer condolence and aid, as is our custom. Miss Emily met them at the door, dressed as usual and with no trace of grief on her face. She told them that her father was not dead. She did that for three days, with the ministers calling on her, and the doctors, trying to persuade her to let them dispose of the body. Just as they were about to resort to law and force, she broke down, and they buried her father quickly.

We did not say she was crazy then. We believed she had to do that. We remembered all the young men her father had driven away, and we knew that with nothing left, she would have to cling to that which had robbed her, as people will.

III

She was sick for a long time. When we saw her again, her hair was cut short, making her look like a girl, with a vague resemblance to those angels in colored church windows--sort of tragic and serene.

The town had just let the contracts for paving the sidewalks, and in the summer after her father's death they began the work. The construction company came with niggers and mules and machinery, and a foreman named Homer Barron, a Yankee--a big, dark, ready man, with a big voice and eyes lighter than his face. The little boys would follow in groups to hear him cuss the niggers, and the niggers singing in time to the rise and fall of picks. Pretty soon he knew everybody in town. Whenever you heard a lot of laughing anywhere about the square, Homer Barron would be in the center of the group. Presently we began to see him and Miss Emily on Sunday afternoons driving in the yellow-wheeled buggy and the matched team of bays from the livery stable.

At first we were glad that Miss Emily would have an interest, because the ladies all said, "Of course a Grierson would not think seriously of a Northerner, a day laborer." But there were still others, older people, who said that even grief could not cause a real lady to forget noblesse oblige--without calling it noblesse oblige.

They just said, “Poor Emily. Her kinsfolk should come to her.” She had some kin in Alabama; but years ago her father had fallen out with them over the estate of old lady Wyatt, the crazy woman, and there was no communication between the two families. They had not even been represented at the funeral.

And as soon as the old people said “Poor Emily,” the whispering began. “Do you suppose it's really so?” they said to one another. “Of course it is. What else could . . .” This behind their hands; rustling of craned silk and satin behind jalousies closed upon the sun of Sunday afternoon as the thin, swift clop-clop-clop of the matched team passed: “Poor Emily.”

She carried her head high enough--even when we believed that she was fallen. It was as if she demanded more than ever the recognition of her dignity as the last Grierson; as if it had wanted that touch of earthiness to reaffirm her imperviousness. Like when she bought the rat poison, the arsenic. That was over a year after they had begun to say “Poor Emily,” and while the two female cousins were visiting her.

“I want some poison,” she said to the druggist. She was over thirty then, still a slight woman, though thinner than usual, with cold, haughty black eyes in a face the flesh of which was strained across the temples and about the eye sockets as you imagine a lighthouse keeper's face ought to look. “I want some poison,” she said.

“Yes, Miss Emily. What kind? For rats and such? I'd recom--”

“I want the best you have. I don't care what kind.”

The druggist named several. “They'll kill anything up to an

elephant. But what you want is--"

"Arsenic," Miss Emily said. "Is that a good one?"

"Is . . . arsenic? Yes, ma'am. But what you want--"

"I want arsenic."

The druggist looked down at her. She looked back at him, erect, her face like a strained flag. "Why, of course," the druggist said. "If that's what you want. But the law requires you to tell what you are going to use it for."

Miss Emily just stared at him, her head tilted back in order to look him eye for eye, until he looked away and went and got the arsenic and wrapped it up. The Negro delivery boy brought her the package; the druggist didn't come back. When she opened the package at home, there was written on the box, under the skull and bones: "For rats."

IV

So the next day we all said, "She will kill herself"; and we said it would be the best thing. When she had first begun to be seen with Homer Barron, we had said, "She will marry him." Then we said, "She will persuade him yet," because Homer himself had remarked--he liked men, and it was known that he drank with the younger men in the Elks Club--that he was not a marrying man. Later we said "Poor Emily" behind the jalousies as they passed on Sunday afternoon in the glittering buggy, Miss Emily with her head high and Homer Barron with his hat cocked and a cigar in his teeth, reins and whip in a yellow glove.

Then some of the ladies began to say that it was a disgrace to the town and a bad example to the young people. The men did not want to interfere, but at last the ladies forced the Baptist minister--Miss Emily's people were Episcopal--to call upon her. He would never divulge what happened during that interview, but he refused to go back again. The next Sunday they again drove about the streets, and the following day the minister's wife wrote to Miss Emily's relations in Alabama.

So she had blood kin under her roof again and we sat back to watch developments. At first nothing happened. Then we were sure that they were to be married. We learned that Miss Emily had been to the jeweler's and ordered a man's toilet set in silver, with the letters H.B. on each piece. Two days later we learned that she had bought a complete outfit of men's clothing, including a nightshirt, and we said, "They are married." We were really glad. We were glad because the two female cousins were even more Grierson than Miss Emily had ever been.

So we were not surprised when Homer Barron--the streets had been finished some time since--was gone. We were a little disappointed that there was not a public blowing-off, but we believed that he had gone on to prepare for Miss Emily's coming, or to give her a chance to get rid of the cousins. (By that time it was a cabal, and we were all Miss Emily's allies to help circumvent the cousins.) Sure enough, after another week they departed. And, as we had expected all along, within three days Homer Barron was back in town. A neighbor saw the Negro man admit him at the kitchen door at dusk one evening.

And that was the last we saw of Homer Barron. And of Miss Emily for some time. The negro man went in and out with the market basket, but the front door remained closed. Now and then we would see her at a window for a moment, as the men did that night when they sprinkled the lime, but for almost six months she did not appear on the streets. Then we knew that this was to be expected too; as if that quality of her father which had thwarted her woman's life so many times had been too virulent and too furious to die.

When we next saw Miss Emily, she had grown fat and her hair was turning gray. During the next few years it grew greyer and greyer until it attained an even pepper-and-salt iron gray, when it ceased turning. Up to the day of her death at seventy-four it was still that vigorous iron gray, like the hair of an active man.

From that time on her front door remained closed, save for a period of six or seven years, when she was about forty, during which she gave lessons in china painting. She fitted up a studio in one of the downstairs rooms, where the daughters and granddaughters of Colonel Sartoris' contemporaries were sent to her with the same regularity and in the same spirit that they were sent to church on Sundays with a twenty-five-cent piece for the collection plate. Meanwhile her taxes had been remitted.

Then the newer generation became the backbone and the spirit of the town, and the painting pupils grew up and fell away and did not send their children to her with boxes of color and tedious brushes and pictures cut from the ladles' magazines. The front door closed upon the last one and remained closed for good. When the town got free postal delivery, Miss Emily alone refused to let them fasten the metal numbers above her door and attach a mailbox to it. She would not listen to them.

Daily, monthly, yearly we watched the Negro grow greyer and more stooped, going in and out with the market basket. Each December we sent her a tax notice, which would be returned by the post office a week later, unclaimed. Now and then we would see her in one of the downstairs windows--she had evidently shut up the top floor of the house--like the carven torso of an idol in a niche, looking or not looking at us, we could never tell which. Thus she passed from generation to generation--dear, inescapable, impervious, tranquil, and perverse.

And so she died. Fell ill in the house filled with dust and shadows, with only a doddering negro man to wait on her. We did not even know she was sick; we had long since given up trying to get any information from the negro. He talked to no one, probably not even to her, for his voice had grown harsh and rusty, as if from disuse.

She died in one of the downstairs rooms, in a heavy walnut bed with a curtain, her grey head propped on a pillow yellow and moldy with age and lack of sunlight.

V

The negro met the first of the ladies at the front door and let them in, with their hushed, sibilant voices and their quick, curious glances, and then he disappeared. He walked right through the house and out the back and was not seen again.

The two female cousins came at once. They held the funeral on the second day, with the town coming to look at Miss Emily beneath a mass of bought flowers, with the crayon face of her father musing profoundly above the bier and the ladies sibilant and macabre; and the very old men--some in their brushed Confederate uniforms--on the porch and the lawn, talking of Miss Emily as if she had been a contemporary of theirs, believing that they had danced with her and courted her perhaps, confusing time with its mathematical progression, as the old do, to whom all the past is not a diminishing road but, instead, a huge meadow which no winter ever quite touches, divided from them now by the narrow bottleneck of the most recent decade of years.

Already we knew that there was one room in that region above stairs which no one had seen in forty years, and which would have to be forced. They waited until Miss Emily was decently in the ground before they opened it.

The violence of breaking down the door seemed to fill this room with pervading dust. A thin, acrid pall as of the tomb seemed to lie everywhere upon this room decked and furnished as for a bridal: upon the valence curtains of faded rose color, upon the rose-shaded lights, upon the dressing table, upon the delicate array of crystal and the man's toilet things backed with tarnished silver, silver so tarnished that the monogram was obscured. Among them lay a collar and tie, as if they had just been removed, which, lifted, left upon the surface a pale crescent in the dust. Upon a chair hung the suit, carefully folded; beneath it the two mute shoes and the discarded socks.

The man himself lay in the bed.

For a long while we just stood there, looking down at the profound and fleshless grin. The body had apparently once lain in the attitude of an embrace, but now the long sleep that outlasts love, that conquers even the grimace of love, had cuckolded him. What was left of him, rotted beneath what was left of the nightshirt, had become inextricable from the bed in which he lay; and upon him and upon the pillow beside him lay that even coating of the patient and abiding dust.

Then we noticed that in the second pillow was the indentation of a head. One of us lifted something from it, and leaning forward, that faint and invisible dust dry and acrid in the nostrils, we saw a long strand of iron-grey hair.

결코 읽기 쉬운 소설이 아니었기 때문에 정리하는 차원에서 앞에서 제시했던 문제들을 함께 해결해 보도록 하겠습니다.

(1) Emily의 성격

소설의 주인공 Emily의 성격은 다음과 같이 몇 가지로 나누어 생각해 볼 수 있습니다.

첫째, 그녀에게는 현실(reality)과 환상(illusion)의 경계가 분명하지 않습니다. 그 예를 우선 제1장에 나오는 세금을 둘러싼 Jefferson 시와의 공방에서 찾을 수 있습니다. 시의 대표들이 그녀의 집을 방문했을 때 Emily는 자기는 세금을 낼 필요가 없다고 주장하면서 이미 10년 전에 죽은－이 사실을 그녀는 모르고 있습니다－전 시장

Colonel Sartoris에게 알아보라고 말합니다. 사토리스 대령은 Emily 집안에 대한 예우의 차원에서 그녀의 아버지가 시에 돈을 빌려준 것이 있고 그 빚을 그녀에게 세금을 면제하는 형식으로 갚아나갈 것이라는 이야기를 만들어 낸 장본인입니다. 그렇지만 대령은 이미 죽었고 새로운 세대가 시의 행정을 맡고 있다는 사실을 그녀는 모르고 또 인정하지 않으려 합니다. 그녀의 머리 속에는 전임 시장 사토리스 대령의 세금 면제 조치만이 각인되어 있을 뿐입니다. 그녀에게 시간은 멈추어 서 있습니다. 그녀를 묘사하는 "a body long submerged in motionless water" (움직이지 않는 물 속에 오랫동안 잠긴 몸통)이라는 표현은 시간이 정지된 채 과거에만 집착하는 그녀의 성격을 적절히 대변하고 있습니다.

현실과 환상의 구분이 분명하지 않은 그녀의 시대착오적인 (anachronistic) 성격은 제2장 말미에 아버지의 죽음을 둘러싼 마을 사람과의 갈등에서도 드러납니다. 아버지가 죽었음에도 불구하고 그녀는 사흘 동안 이를 인정하지 않고 버티다가 마침내 굴복하고 맙니다. 아버지라는 위압적 존재에 오랫동안 억눌려 왔던 그녀는 그분의 죽음을 현실로 받아들이지 않는 것입니다. 또한 그녀가 죽은 뒤 밝혀졌듯이, 자기를 버릴 것 같은 북부인 Homer Barron을 독살하고 "장미 빛 커튼을 드리운," 정성스레 꾸며진 신방의 침대에 눕힌 뒤 오랜 세월 동안 그의 곁을 지켰던 것은 결국 그녀에게 Homer는 살아있는 존재로 인식되었기 때문입니다.

둘째, 그녀는 강한 의지의 소유자입니다. 세금 문제에서도 그녀는 시를 굴복시켰고, 비소(arsenic)를 어디에 쓸 것인지를 캐묻는 약사를 굴복시키고 독약을 사 들고 나옵니다.

셋째, 그녀는 강한 자존심의 소유자입니다. 비록 몰락했지만 남부의 명문가 규수가 뜨내기 북부인 Homer Barron과 거리에 나다니는 것을 마을 사람들은 고운 시선으로 바라보지 않지만 그녀는 이에 아랑곳하지 않고 고개를 꼿꼿이 쳐들고 외출을 합니다. 그녀에게는 마을의 윤리와 규범에 따르기에는 너무나 강한 자존심, 즉 과거의 화려했던 영화(榮華)에서 비롯된 오만함이 남아 있었기 때문입니다.

(2) 소설의 시점

이 소설에서 화자는 "we"로 나타납니다. 즉 Jefferson 마을 사람 가운데 한 사람으로서 주인공 Emily를 둘러싼 사건들을 대표 단수적 시점으로 보고하고 논평하는 일인칭 관찰자 시점입니다. 즉 화자는 Emily를 바라보는 마을 사람들의 태도와 생각을 잘 대표하는 상식적 사고의 소유자라고 할 수 있습니다.

(3) 마을 사람들에게 Emily라는 존재의 의미

소설에서 Emily를 묘사하는 표현으로 다음과 같은 것을 들 수 있습니다. "a fallen monument" (쓰러진 기념비), "a tradition, a duty, and a care; a sort of hereditary obligation upon the town"(전통, 의무, 보호의 대상, 마을에 前代부터 세습적으로 부과된 의무), "she passed from generation to generation—dear, inescapable, impervious, tranquil, and perverse."(그녀는 소중하고, 불가피하며, 고집스럽고, 조용하며,

괴팍스러운 존재로 한 세대에서 다음 세대로 전해졌다).

종합하여 보면 Emily는 마을 사람에게 전통과 의무로서 보호해야 할 존재입니다. 왜 그럴까요? 우리는 이 소설의 배경이 미국 남부 사회라는 것에 유념할 필요가 있습니다. 18세기 말부터 19세기 초까지 동북부 지역으로부터 백인 개척자들이 Mississippi주로 유입되어 인디언들을 Oklahoma주 쪽으로 내몰고 비옥한 토지를 차지합니다. 이들은 이 광활한 토지를 경작하기 위해서 흑인 노예를 부리게 되었고 이 대 농장주를 중심으로 귀족 계급이 형성됩니다. 그러나 19세기 산업화로 치닫던 북부는 노동력의 부족이라는 문제에 직면하였고 그 해결책을 남부의 풍부한 흑인 노동력을 빼앗아 오는 것에서 찾으려 함으로써 남북 전쟁이 발발합니다. 결국 북부의 승리로 노예제도를 바탕으로 성립된 남부의 귀족 사회는 붕괴됩니다. Emily는 바로 와해되어가는 남부 귀족 사회에 대한 향수를 떠올리게 하는 존재인 것입니다. 세월은 흘러 남부의 고유한 전통이 퇴색되어가는—소설에서 반복되는 "tarnished"라는 표현이 암시하듯—상황에서 Emily는 비록 괴팍스러운 모습으로나마 고집스럽게 그 끝 자락을 움켜쥐고 있는, 따라서 마을 사람들이 "회피할 수 없는" 과거의 유물인 것입니다. 하지만 Jefferson시를 새로운 세대가 떠맡게 되고 Homer Barron같은 북부 사람들이 유입되는 변화의 과정에서 유독 Emily만이 시대착오적 환상에 사로잡혀 있음으로써 소설의 갈등이 비롯되고 있는 것이며, 결국 과거의 영화와 자존심 등 모든 것을 잃어가는 그녀가 Homer를 살해함으로써 오히려 그를 소유하려는 엽기적인 행동으로 귀결되고 맙니다.

제11장

영미소설의 이해와 분석 5

“A Respectable Woman,” “Two Kinds”

이 장에서는 지금까지의 소설에 대한 공부를 마무리하면서 두 편의 단편소설을 더 읽도록 합니다. 가급적 해설을 자제하고 여러분에게 생각할 거리를 제공할 작정입니다.

1. Kate Chopin의 “A Respectable Woman”

Kate Chopin(1851-1904)은 루이지애나 주와 같은 미국의 남부 사회를 지역적 배경으로 삼은 작품들을 주로 발표한 여성작가로서, 미국에서 여성주의 (feminism)적 소설의 개척자로 평가 받고 있습니다. 「젊잖은 여인」이라는 제목의 이 소설은 한 정숙한 여인이 남편 친구의 돌연한 방문으로 마음의 동요를 일으키는 상황을 그려 보이고 있는 작품입니다. Faulkner의 “A Rose for Emily”에서도 보았듯이 남북전쟁 이전의 미국 남부는 지주 계급을 주축으로 하는 귀족주의 사회로서, 여성에게는 정숙함과 점잖은 체통 등을 미덕으로 요구하던 사회이기도 하였습니다.

이 이야기 속에서 Mrs. Baroda는 이러한 미덕을 지켜야 할 여성이지만, 남편의 친구 Gouvernail 때문에 심리적 갈등을 경험하게 되는데, 작가는 그녀의 미묘한 심리를 적절하게 묘사하고 있습니다. 이 작품을 읽으면서 여러분은 Baroda 부인의 성격과, 그녀가 경험하는 심리적 갈등을 분석해보도록 합시다. 또한 작품의 결말에서 그녀가 남편 Gaston에게 건네는 말, "I have overcome everything! You will see. This time I shall be very nice to him."의 의미를 파악해보기를 바랍니다.

A Respectable Woman

Mrs. Baroda was a little provoked to learn that her husband expected his friend, Gouvernail, up to spend a week or two on the plantation.

They had entertained a good deal during the winter; much of the time had also been passed in New Orleans in various forms of mild dissipation. She was looking forward to a period of unbroken rest, now, and undisturbed tête-a-tête with her husband, when he informed her that Gouvernail was coming up to stay a week or two.

This was a man she had heard much of but never seen. He had been her husband's college friend; was now a journalist, and in no sense a society man or "a man about town," which were, perhaps, some of the reasons she had never met him. But she had unconsciously formed an image of him in her mind. She pictured him tall, slim, cynical; with eye-glasses, and his hands in his pockets; and she did not like him. Gouvernail was slim enough, but he wasn't very tall nor very cynical; neither did he wear eye-glasses nor carry his hands in his pockets. And she rather liked him when he first presented himself.

But why she liked him she could not explain satisfactorily to herself when she partly attempted to do so. She could discover in him none of those brilliant and promising traits which Gaston, her husband, had often assured her that he possessed. On the contrary, he sat rather mute and receptive before her chatty eagerness to make him feel at home and in face of Gaston's frank and wordy hospitality. His manner was as courteous toward her as the most exacting woman could require; but he made no direct appeal to her approval or even esteem.

Once settled at the plantation he seemed to like to sit upon the wide portico in the shade of one of the big Corinthian pillars, smoking his cigar lazily and listening attentively to Gaston's experience as a sugar planter.

"This is what I call living," he would utter with deep satisfaction, as the air that swept across the sugar field caressed him with its warm and scented velvety touch. It pleased him also to get on familiar terms with the big dogs that came about him, rubbing themselves sociably against his legs. He did not care to fish, and displayed no eagerness to go out and kill grosbecs when Gaston proposed doing so.

Gouvernail's personality puzzled Mrs. Baroda, but she liked him. Indeed, he was a lovable, inoffensive fellow. After a few days, when she could understand him no better than at first, she gave over being puzzled and remained piqued. In this mood she left her husband and her guest, for the most part, alone together. Then finding that Gouvernail took no manner of exception to her action, she imposed her society upon him, accompanying him in his idle strolls to the mill and walks along the batture. She persistently sought to penetrate the reserve in which he had unconsciously enveloped himself.

"When is he going — your friend?" she one day asked her husband. "For my part, he tires me frightfully."

"Not for a week yet, dear. I can't understand; he gives you no trouble."

"No. I should like him better if he did; if he were more like others, and I had to plan somewhat for his comfort and enjoyment."

Gaston took his wife's pretty face between his hands and looked tenderly and laughingly into her troubled eyes. They were making a bit of toilet sociably together in Mrs. Baroda's dressing-room.

"You are full of surprises, ma belle," he said to her. "Even I can never count upon how you are going to act under given conditions." He kissed her and turned to fasten his cravat before the mirror.

"Here you are," he went on, "taking poor Gouvernail seriously and making a commotion over him, the last thing he would desire or expect."

"Commotion!" she hotly resented. "Nonsense! How can you say such a thing? Commotion, indeed! But, you know, you said he was clever."

"So he is. But the poor fellow is run down by overwork now. That's why I asked him here to take a rest."

"You used to say he was a man of ideas," she retorted, unconciliated. "I expected him to be interesting, at least. I'm going to the city in the morning to have my spring gowns fitted. Let me know when Mr. Gouvernail is gone; I shall be at my Aunt Octavie's."

That night she went and sat alone upon a bench that stood beneath a live oak tree at the edge of the gravel walk.

She had never known her thoughts or her intentions to be so confused. She could gather nothing from them but the feeling of a distinct necessity to quit her home in the morning.

Mrs. Baroda heard footsteps crunching the gravel; but could discern in the darkness only the approaching red point of a lighted cigar. She knew it was Gouvernail, for her husband did not smoke. She hoped to remain unnoticed, but her white gown revealed her to him. He threw away his cigar and seated himself upon the bench beside her; without a suspicion that she might object to his presence.

"Your husband told me to bring this to you, Mrs. Baroda," he said, handing her a filmy, white scarf with which she sometimes enveloped her head and shoulders. She accepted the scarf from him with a murmur of thanks, and let it lie in her lap.

He made some commonplace observation upon the baneful

effect of the night air at the season. Then as his gaze reached out into the darkness, he murmured, half to himself:

"Night of south winds -- night of the large few stars!

Still nodding night ----- "

She made no reply to this apostrophe to the night, which, indeed, was not addressed to her.

Gouvernail was in no sense a diffident man, for he was not a self-conscious one. His periods of reserve were not constitutional, but the result of moods. Sitting there beside Mrs. Baroda, his silence melted for the time.

He talked freely and intimately in a low, hesitating drawl that was not unpleasant to hear. He talked of the old college days when he and Gaston had been a good deal to each other; of the days of keen and blind ambitions and large intentions. Now there was left with him, at least, a philosophic acquiescence to the existing order -- only a desire to be permitted to exist, with now and then a little whiff of genuine life, such as he was breathing now.

Her mind only vaguely grasped what he was saying. Her physical being was for the moment predominant. She was not thinking of his words, only drinking in the tones of his voice. She wanted to reach out her hand in the darkness and touch him with the sensitive tips of her fingers upon the face or the lips. She wanted to draw close to him and whisper against his cheek -- she did not care what -- as she might have done if she had not been a respectable woman.

The stronger the impulse grew to bring herself near him, the further, in fact, did she draw away from him. As soon as she could do so without an appearance of too great rudeness, she rose and left him there alone.

Before she reached the house, Gouvernail had lighted a fresh cigar and ended his apostrophe to the night.

Mrs. Baroda was greatly tempted that night to tell her husband -- who was also her friend -- of this folly that had seized her. But she did not yield to the temptation. Beside being a respectable woman she was a very sensible one; and she knew there are some battles in life which a human being must fight alone.

When Gaston arose in the morning, his wife had already departed. She had taken an early morning train to the city. She did not return till Gouvernail was gone from under her roof.

There was some talk of having him back during the summer that followed. That is, Gaston greatly desired it; but this desire yielded to his wife's strenuous opposition.

However, before the year ended, she proposed, wholly from herself, to have Gouvernail visit them again. Her husband was surprised and delighted with the suggestion coming from her.

"I am glad, chère amie, to know that you have finally overcome your dislike for him; truly he did not deserve it."

"Oh," she told him, laughingly, after pressing a long, tender kiss upon his lips, "I have overcome everything! you will see. This time I shall be very nice to him."

2. Amy Tan의 "Two Kinds"

Amy Tan(1952-)은 영화로 제작되기도 했던 그녀의 첫 소설 *The Joy Luck Club*(1989)으로 잘 알려진 중국계 미국 여성 작가입니다. 소설에 대한 공부의 대미를 장식할 "Two Kinds"는 *The Joy Luck Club*를 구성하고 있는 이야기들 가운데 하나로서 미국으로 건너 온 어느 중국인 이민 가족의 어머니와 딸의 관계를 중심으로 진행되는 이야기입니다.

작품의 화자인 Jing-mei는 원하는 것은 무엇인지 이룰 수 있다는, 이른바 "American Dream"을 철저히 신봉하는 어머니의 등쌀에 피아노를 배우지만 연주회에서 참혹한 실수를 저지르고 맙니다. 이 실수는 결국 어머니의 독선에 대한 딸의 반발심을 키우고 마침내 그녀를 피아노 신동으로 키우려는 어머니의 야망을 포기하게 만듭니다. 노골적으로 대드는 딸에게 어머니는 세상에는 "오직 **두 가지 종류**의 딸이 있어, 고분고분한 딸과 제멋대로 하는 딸이지, 오직 말을 잘 듣는 딸만이 이 집에 살 자격이 있는 거야."라고 말하지만 이미 독이 오를 대로 오른 딸의 마음을 끝내 되돌리지는 못합니다. 세월이 지나 어머니가 세상을 떠난 뒤, Jing-mei는 오랫동안 닫혀있던 피아노의 덮개를 열고 그 참혹한 연주회에서 그녀가 연주했던 슈만의 곡을 두드려보다가 놀라운 사실을 알아내고 맙니다. 궁금하지 않습니까? 그 놀라운 사실이 무엇인지? 그리고 그 사실이 작품 전체와 어떤 관련이 있고, 특히 어머니와 딸의 갈등과 어떤 연관성이 있는지 말입니다. 여러분 스스로 답을 찾아내보도록 합시다. 그 동안 소설에 대한 내공이 적지 안이 쌓였을 테니 충분히 해낼 수 있으리라 믿습니다.

Two Kinds

My mother believed you could be anything you wanted to be in America. You could open a restaurant. You could work for the government and get good retirement. You could buy a house with almost no money down. You could become rich. You could become instantly famous.

"Of course, you can be a prodigy, too," my mother told me when I was nine. "You can be best anything. What does Auntie Lindo know? Her daughter, she is only best tricky."

America was where all my mother's hopes lay. She had come to San Francisco in 1949 after losing everything in China: her mother and father, her home, her first husband, and two daughters, twin baby girls. But she never looked back with regret. Things could get better in so many ways.

We didn't immediately pick the right kind of prodigy. At first my mother thought I could be a Chinese Shirley Temple. We'd watch Shirley's old movies on TV as though they were training films. My mother would poke my arm and say, "*Ni kan.* You watch." And I would see Shirley tapping her feet, or singing a sailor song, or pursing her lips into a very round O while saying "Oh, my goodness."

"*Ni kan*," my mother said, as Shirley's eyes flooded with tears. "You already know how. Don't need talent for crying!"

Soon after my mother got this idea about Shirley Temple, she took me to the beauty training school in the Mission District and put me in the hands of a student who could barely hold the scissors without shaking. Instead of getting big fat curls, I emerged with an uneven mass of crinkly black fuzz. My mother dragged me off to the bathroom and tried to wet down my hair.

"You look like a Negro Chinese," she lamented, as if I had done this on purpose.

The instructor of the beauty training school had to lop off these soggy clumps to make my hair even again. "Peter Pan is very popular these days" the instructor assured my mother. I now had bad hair the length of a boy's, with curly bangs that hung at a slant two inches above my eyebrows. I liked the haircut, and it made me actually look forward to my future fame.

In fact, in the beginning I was just as excited as my mother, maybe even more so. I pictured this prodigy part of me as many different images, and I tried each one on for size. I was a dainty ballerina girl standing by the curtain, waiting to hear the music that would send me floating on my tiptoes. I was like the Christ child lifted out of the straw manger, crying with holy indignity. I was Cinderella stepping from her pumpkin carriage with sparkly cartoon music filling the air.

In all of my imaginings I was filled with a sense that I would soon become perfect: My mother and father would adore me. I would be beyond reproach. I would never feel the need to sulk, or to clamor for anything.

But sometimes the prodigy in me became impatient. "If you don't hurry up and get me out of here, I'm disappearing for good," it warned. "And then you'll always be nothing."

Every night after dinner my mother and I would sit at the Formica topped kitchen table. She would present new tests, taking her examples from stories of amazing children that she read in *Ripley's Believe It* or *Not* or *Good Housekeeping, Reader's digest*, or any of a dozen other magazines she kept in a pile in our bathroom. My mother got these magazines from people whose houses she cleaned. And since she cleaned many houses each week, we had a great assortment. She would look through them all, searching for stories about remarkable children.

The first night she brought out a story about a three-year-old boy who knew the capitals of all the states and even the most of the European countries. A teacher was quoted as saying that the little boy could also pronounce the names of the foreign cities correctly.

"What's the capital of Finland? my mother asked me, looking at the story.

All I knew was the capital of California, because Sacramento was the name of the street we lived on in Chinatown. "Nairobi!" I guessed, saying the most foreign word I could think of. She checked to see if that might be one way to pronounce *Helsinki* before showing me the answer.

The tests got harder - multiplying numbers in my head, finding the queen of hearts in a deck of cards, trying to stand on my head without using my hands, predicting the daily temperatures in Los Angeles, New York, and London.

One night I had to look at a page from the Bible for three minutes and then report everything I could remember. "Now

Jehoshaphat had riches and honor in abundance and...that's all I remember, Ma," I said.

And after seeing, once again, my mother's disappointed face, something inside me began to die. I hated the tests, the raised hopes and failed expectations. Before going to bed that night I looked in the mirror above the bathroom sink, and I saw only my face staring back — and understood that it would always be this ordinary face — I began to cry. Such a sad, ugly girl! I made high - pitched noises like a crazed animal, trying to scratch out the face in the mirror.

And then I saw what seemed to be the prodigy side of me - a face I had never seen before. I looked at my reflection, blinking so that I could see more clearly. The girl staring back at me was angry, powerful. She and I were the same. I had new thoughts, willful thoughts — or, rather, thoughts filled with lots of won'ts. I won't let her change me, I promised myself. I won't be what I'm not.

So now when my mother presented her tests, I performed listlessly, my head propped on one arm. I pretended to be bored. And I was. I got so bored that I started counting the bellows of the foghorns out on the bay while my mother drilled me in other areas. The sound was comforting and reminded me of the cow jumping over the moon. And the next day I played a game with myself, seeing if my mother would give up on me before eight bellows. After a while I usually counted only one, maybe two bellows at most. At last she was beginning to give up hope.

Two or three months went by without any mention of my being

a prodigy. And then one day my mother was watching the *Ed Sullivan Show* on TV. The TV was old and the sound kept shorting out. Every time my mother got halfway up from the sofa to adjust the set, the sound would come back on and Sullivan would be talking. As soon as she sat down, Sullivan would go silent again. She got up — the TV broke into loud piano music. She sat down - silence. Up and down, back and forth, quiet and loud. It was like a stiff embraceless dance between her and the TV set. Finally, she stood by the set with her hand on the sound dial.

She seemed entranced by the music, a frenzied little piano piece with a mesmerizing quality, which alternated between quick, playful passages and teasing, lilting ones.

"*Ni kan,*" my mother said, calling me over with hurried hand gestures. "Look here."

I could see why my mother was fascinated by the music. It was being pounded out by a little Chinese girl, about nine years old, with a Peter Pan haircut. The girl had the sauciness of a Shirley Temple. She was proudly modest, like a proper Chinese Child. And she also did a fancy sweep of a curtsy, so that the fluffy skirt of her white dress cascaded to the floor like petals of a large carnation.

In spite of these warning signs, I wasn't worried. Our family had no piano and we couldn't afford to buy one, let alone reams of sheet music and piano lessons. So I could be generous in my comments when my mother badmouthed the little girl on TV.

"Play note right, but doesn't sound good!" my mother complained "No singing sound."

"What are you picking on her for?" I said carelessly. "She's pretty good. Maybe she's not the best, but she's trying hard." I knew almost immediately that I would be sorry I had said that.

"Just like you," she said. "Not the best. Because you not trying." She gave a little huff as she let go of the sound dial and sat down on the sofa.

The little Chinese girl sat down also, to play an encore of "Anitra's Dance," by Grieg. I remember the song, because later on I had to learn how to play it.

Three days after watching the *Ed Sullivan Show* my mother told me what my schedule would be for piano lessons and piano practice. She had talked to Mr. Chong, who lived on the first floor of our apartment building. Mr.Chong was a retired piano teacher, and my mother had traded housecleaning services for weekly lessons and a piano for me to practice on every day, two hours a day, from four until six.

When my mother told me this, I felt as though I had been sent to hell. I whined, and then kicked my foot a little when I couldn't stand it anymore.

"Why don't you like me the way I am?" I cried. "I'm *not* a genius! I can't play the piano. And even if I could, I wouldn't go on TV if you paid me a million dollars!"

My mother slapped me. "Who ask you to be genius?" she shouted. "Only ask you be your best. For you sake. You think I want you to be genius? Hnnh! What for! Who ask you!"

"So ungrateful," I heard her mutter in Chinese, "If she had as much talent as she has temper, she'd be famous now."

Mr. Chong, whom I secretly nicknamed Old Chong, was very strange, always tapping his fingers to the silent music of an invisible orchestra. He looked ancient in my eyes. He had lost most of the h air on the top of his head, and he wore thick glasses and had eyes that always looked tired. But he must have been younger that I thought, since he lived with his mother and was not yet married.

I met Old Lady Chong once, and that was enough. She had a peculiar smell, like a baby that had done something in its pants, and her fingers felt like a dead person's, like an old peach I once found in the back of the refrigerator: its skin just slid off the flesh when I picked it up.

I soon found out why Old Chong had retired from teaching piano. He was deaf. "Like Beethoven!" he shouted to me: "We're both listening only in our head!" And he would start to conduct his frantic silent sonatas.

Our lessons went like this. He would open the book and point to different things, explaining, their purpose: "Key! Treble! Bass! No sharps or flats! So this is C major! Listen now and play after me!"

And then he would play the C scale a few times, a simple cord, and then, as if inspired by an old unreachable itch, he would gradually add more notes and running trills and a pounding bass until the music was really something quite grand.

I would play after him, the simple scale, the simple chord, and then just play some nonsense that sounded like a cat running up and down on top of garbage cans. Old Chong would smile and applaud and say "Very good! But now you must learn to keep time!”

So that's how I discovered that Old Chong's eyes were too slow to keep up with the wrong notes I was playing. He went through the motions in half time. To help me keep rhythm, he stood behind me and pushed down on my right shoulder for every beat. He balanced pennies on top of my wrists so that I would keep them still as I slowly played scales and arpeggios. He had me curve my hand around an apple and keep that shape when playing chords. He marched stiffly to show me how to make each finger dance up and down, staccato, like an obedient little soldier.

He taught me all these things, and that was how I also learned I could be lazy and get away with mistakes, lots of mistakes. If I hit the wrong notes because I hadn't practiced enough, I never corrected myself, I just kept playing in rhythm. And Old Chong kept conducting his own private reverie.

So maybe I never really gave myself a fair chance. I did pick up the basics pretty quickly, and I might have become a good pianist at the young age. But I was so determined not to try, not to be anybody different, and I learned to play only the most ear-splitting preludes, the most discordant hymns.

Over the next year I practiced like this, dutifully in my own way. And then one day I heard my mother and her friend Lindo Jong both after church, and I was leaning against a brick wall, wearing a dress with stiff white petticoats. Auntie Linds daughter, Waverly, who was my age, was standing farther down the wall, about five feet away. We had grown up together and shared all the closeness of two sisters, squabbling over crayons and dolls. In other words, for the most part, we hated each other. I thought she was snotty. Waverly Jong had gained a certain amount of fame as "Chinatown's Littlest Chinese Chess Champion."

"She bring home too many trophy." Auntie Lindo lamented that Sunday. "All day she play chess. All day I have no time do nothing but dust off her winnings." She threw a scolding look at Waverly, who pretended not to see her.

"You lucky you don't have this problem," Auntie Lindo said with a sigh to my mother.

And my mother squared her shoulders and bragged: "our problem worser than yours. If we ask Jing-mei wash dish, she hear nothing but music. It's like you can't stop this natural talent."

And right then I was determined to put a stop to her foolish pride.

A few weeks later Old Chong and my mother conspired to have me play in a talent show that was to be held in the church hall. But then my parents had saved up enough to buy me a secondhand piano, a black Wurlitzer spinet with a scarred bench. It was the showpiece of our living room.

For the talent show I was to play a piece called "Pleading Child," from Schumann's *Scenes From Childhood.* It was a simple, moody piece that sounded more difficult than it was. I was supposed to memorize the whole thing. But I dawdled over it, playing a few bars and then cheating, looking up to see what notes followed. I never really listened to what I was playing. I daydreamed about being somewhere else, about being someone else.

The part I liked to practice best was the fancy curtsy: right foot out, touch the rose on the carpet with a pointed foot, sweep to the side, bend left leg, look up, and smile.

My parents invited all the couples from their social club to witness my debut. Auntie Lindo and Uncle Tin were there. Waverly and her two older brothers had also come. The first two rows were filled with children either younger or older than I was. The littlest ones got to go first. They recited simple nursery rhymes, squawked out tunes on miniature violins, and twirled hula hoops in pink ballet tutus, and when they bowed or curtsied, the audience would sigh in unison, "Awww," and then clap enthusiastically.

When my turn came, I was very confident. I remember my childish excitement. It was as if I knew, without a doubt, that the prodigy side of me really did exist. I had no fear whatsoever, no nervousness. I remember thinking, This is it! This is it! I looked out over the audience, at my mother's blank face, my father's yawn, Auntie Lindo's stiff-lipped smile, Waverly's sulky expression. I had on a white dress, layered with sheets of lace, and a pink bow in my Peter Pan haircut. As I sat down, I envisioned people jumping to their feet and Ed Sullivan rushing up to introduce me to everyone on TV.

And I started to play. Everything was so beautiful. I was so caught up in how lovely I looked that I wasn't worried about how I would sound. So I was surprised when I hit the first wrong note. And then I hit another and another. A chill started at the top of my head and began to trickle down. Yet I couldn't stop playing, as though my hands were bewitched. I kept thinking my fingers would adjust themselves back, like a train switching to the right track. I played this strange jumble through to the end, the sour notes staying with me all the way.

When I stood up, I discovered my legs were shaking. Maybe I had just been nervous, and the audience, like Old Chong had seen me go through the right motions and had not heard anything wrong at all. I swept my right foot out, went down on my knee, looked up, and smiled. The room was quiet, except for Old Chong, who was beaming and shouting "Bravo! Bravo! Well done!" By then I saw my mother's face, her stricken face. The audience clapped weakly, and I walked back to my chair, with my whole face quivering as I tried not to cry, I heard a little boy whisper loudly to his mother. "That was awful," and mother whispered "Well, she certainly tried."

And now I realized how many people were in the audience - the whole world, it seemed. I was aware of eyes burning into my back. I felt the shame of my mother and father as they sat stiffly through the rest of the show.

We could have escaped during intermission. Pride and some strange sense of honor must have anchored my parents to their chairs. And so we watched it all. The eighteen-year-old boy with a fake moustache who did a magic show and juggled flaming hoops while riding a unicycle. The breasted girl with white make up who sang an aria from *Madame Butterfly* and got an honorable mention. And the eleven-year-old boy who was first prize playing a tricky violin song that sounded like a busy bee.

After the show the Hsus, the Jongs, and the St. Clairs, from the

Joy Luck Club, came up to my mother and father.

"Lots of talented kids," Auntie Lindo said vaguely, smiling broadly.

"That was somethin' else," my father said, and I wondered if he was referring to me in a humorous way, or whether he even remembered what I had done.

Waverly looked at me and shrugged her shoulders. "You aren't a genius like me," she said matter-of-factly. And if I hadn't felt so bad, I would have pulled her braids and punched her stomach.

But my mother's expression was what devastated me: a quiet, blank look that said she had lost everything. I felt the same way, and everybody seemed now to be coming up, like gawkers at the scene of an accident to see what parts were actually missing. When we got on the bus to go home, my father was humming the busy-bee tune and my mother kept silent. I kept thinking she wanted to wait until we got home before shouting at me. But when my father unlocked the door to our apartment, my mother walked in and went straight to the back, into the bedroom. No accusations, No blame. And in a way, I felt disappointed. I had been waiting for her to start shouting, so that I could shout back and cry and blame her for all my misery.

I assumed that my talent-show fiasco meant that I never had to play the piano again. But two days later, after school, my mother came out of the kitchen and saw me watching TV.

"Four clock," she reminded me, as if it were any other day. I was stunned, as though she were asking me to go through the talent-show torture again. I planted myself more squarely in front of the TV.

"Turn off TV," she called from the kitchen five minutes later.

I didn't budge. And then I decided, I didn't have to do what mother said anymore. I wasn't her slave. This wasn't China. I had listened to her before and looked what happened. She was the stupid one.

She came out of the kitchen and stood in the arched entryway of the living room. "Four clock," she said once again, louder.

"I'm not going to play anymore," I said nonchalantly. "Why should I? I'm not a genius."

She walked over and stood in front of the TV. I saw that her chest was heaving up and down in an angry way.

"No!" I said, and I now felt stronger, as if my true self had finally emerged. So this was what had been inside me all along.

"No! I won't!" I screamed.

She yanked me by the arm, pulled me off the floor, snapped off the TV. She was frighteningly strong, half pulling, half carrying me towards the piano as I kicked the throw rugs under my feet. She lifted me up onto the hard bench. I was sobbing by now, looking at her bitterly. Her chest was heaving even more and her mouth was open, smiling crazily as if she were pleased that I was crying.

"You want me to be something that I'm not!" I sobbed. "I'll never be the kind of daughter you want me to be!"

"Only two kinds of daughters," she shouted in Chinese. "Those who are obedient and those who follow their own mind! Only one kind of daughter can live in this house. Obedient daughter!"

"Then I wish I weren't your daughter, I wish you weren't my

mother," I shouted. As I said these things I got scared. It felt like worms and toads and slimy things crawling out of my chest, but it also felt good, that this awful side of me had surfaced, at last.

"Too late to change this," my mother said shrilly.

And I could sense her anger rising to its breaking point. I wanted to see it spill over. And that's when I remembered the babies she had lost in China, the ones we never talked about. "Then I wish I'd never been born!" I shouted. " I wish I were dead! Like them."

It was as if I had said magic words. Alakazam!-her face went blank, her mouth closed, her arms went slack, and she backed out of the room, stunned, as if she were blowing away like a small brown leaf, thin, brittle, lifeless.

It was not the only disappointment my mother felt in me. In the years that followed, I failed her many times, each time asserting my will, my right to fall short of expectations. I didn't get straight As. I didn't become class president. I didn't get into Stanford. I dropped out of college.

For unlike my mother, I did not believe I could be anything I wanted to be, I could only be me.

And for all those years we never talked about the disaster at the recital or my terrible accusations afterward at the piano bench. Neither of us talked about it again, as if it were a betrayal that was now unspeakable. So I never found a way to ask her why she had hoped for something so large that failure was inevitable.

And even worse, I never asked her about what frightened me the most: Why had she given up hope?

For after our struggle at the piano, she never mentioned my

playing again. The lessons stopped The lid to the piano was closed shutting out the dust, my misery, and her dreams.

So she surprised me. A few years ago she offered to give me the piano, for my thirtieth birthday. I had not played in all those years. I saw the offer as a sign of forgiveness, a tremendous burden removed.

"Are you sure?" I asked shyly. "I mean, won't you and Dad miss it?"

"No, this your piano," she said firmly. "Always your piano. You only one can play."

"Well, I probably can't play anymore," I said. "It's been years."

"You pick up fast," my mother said, as if she knew this was certain. "You have natural talent. You could be a genius if you want to."

"No, I couldn't."

"You just not trying," my mother said. And she was neither angry nor sad. She said it as if announcing a fact that could never be disproved. "Take it," she said.

But I didn't at first. It was enough that she had offered it to me. And after that, every time I saw it in my parents' living room, standing in front of the bay window, it made me feel proud, as if it were a shiny trophy that I had won back.

Last week I sent a tuner over to my parent's apartment and had the piano reconditioned, for purely sentimental reasons. My mother had died a few months before and I had been getting things in order for my father a little bit at a time. I put the jewelry in special silk pouches. The sweaters I put in mothproof boxes. I found some old Chinese silk dresses, the kind with little slits up the sides. I rubbed the old silk against my skin, and then wrapped them in tissue and decided to take them home with me.

After I had the piano tuned, I opened the lid and touched the keys. It sounded even richer that I remembered. Really, it was a very good piano. Inside the bench were the same exercise notes with handwritten scales, the same secondhand music books with their covers held together with yellow tape.

I opened up the Schumann book to the dark little piece I had played at the recital. It was on the left-hand page, "Pleading Child." It looked more difficult than I remembered. I played a few bars, surprised at how easily the notes came back to me.

And for the first time, or so it seemed, I noticed the piece on the right-hand side. It was called "Perfectly Contented." I tried to play this one as well. It had a lighter melody but with the same flowing rhythm and turned out to be quite easy. "Pleading Child" was shorter but slower; "Perfectly Contented" was longer but faster. And after I had played them both a few times, I realized they were two halves of the same song.

이어서 더 읽어둘만한 영미단편 소설 작품들을 수록합니다. 문학 작품을 대하는 가장 기본적인 태도는 즐기려는 마음가짐입니다. 그동안 익혀온 작품 이해와 분석의 방법을 적용하면서 읽어보기 바랍니다.

더 읽어둘 소설작품

The Open Window

"Saki" (Hector Hugh Munro, 1870-1916)

"My aunt will be down presently, Mr. Nuttel," said a very self-possessed[1] young lady of fifteen; "in the meantime you must try and put up with me."

Framton Nuttel endeavoured to say the correct something which should duly flatter the niece of the moment without unduly discounting the aunt that was to come. Privately he doubted more than ever whether these formal visits on a succession of total strangers would do much towards helping the nerve cure which he was supposed to be undergoing.

"I know how it will be," his sister had said when he was preparing to migrate to this rural retreat; "you will bury yourself down there and not speak to a living soul, and your nerves will be worse than ever from moping. I shall just give you letters of introduction to all the people I know there. Some of them, as far as I can remember, were quite nice."

---

1) calm

Framton wondered whether Mrs. Sappleton, the lady to whom he was presenting one of the letters of introduction came into the nice division.

"Do you know many of the people round here?" asked the niece, when she judged that they had had sufficient silent communion.

"Hardly a soul," said Framton. "My sister was staying here, at the rectory, you know, some four years ago, and she gave me letters of introduction to some of the people here."

He made the last statement in a tone of distinct regret.

"Then you know practically nothing about my aunt?" pursued the self-possessed young lady.

"Only her name and address," admitted the caller. He was wondering whether Mrs. Sappleton was in the married or widowed state. An undefinable something about the room seemed to suggest masculine habitation.

"Her great tragedy happened just three years ago," said the child; "that would be since your sister's time."

"Her tragedy?" asked Framton; somehow in this restful country spot tragedies seemed out of place.

"You may wonder why we keep that window wide open on an October afternoon," said the niece, indicating a large French window that opened on to a lawn.

"It is quite warm for the time of the year," said Framton; "but has that window got anything to do with the tragedy?"

"Out through that window, three years ago to a day[2], her

---

2) exactly three years ago

husband and her two young brothers went off for their day's shooting. They never came back. In crossing the moor to their favourite snipe-shooting ground they were all three engulfed in a treacherous piece of bog. It had been that dreadful wet summer, you know, and places that were safe in other years gave way suddenly without warning. Their bodies were never recovered. That was the dreadful part of it." Here the child's voice lost its self-possessed note and became falteringly human. "Poor aunt always thinks that they will come back someday, they and the little brown spaniel that was lost with them, and walk in at that window just as they used to do. That is why the window is kept open every evening till it is quite dusk. Poor dear aunt, she has often told me how they went out, her husband with his white waterproof coat over his arm, and Ronnie, her youngest brother, singing 'Bertie, why do you bound?' as he always did to tease her, because she said it got on her nerves. Do you know, sometimes on still, quiet evenings like this, I almost get a creepy feeling that they will all walk in through that window - "

She broke off[3] with a little shudder. It was a relief to Framton when the aunt bustled into the room with a whirl of apologies for being late in making her appearance.

"I hope Vera has been amusing you?" she said.

"She has been very interesting," said Framton.

"I hope you don't mind the open window," said Mrs. Sappleton briskly; "my husband and brothers will be home directly from

---

3) stopped speaking

shooting, and they always come in this way. They've been out for snipe in the marshes today, so they'll make a fine mess over my poor carpets. So like you menfolk, isn't it?"

She rattled on[4] cheerfully about the shooting and the scarcity of birds, and the prospects for duck in the winter. To Framton it was all purely horrible. He made a desperate but only partially successful effort to turn the talk on to a less ghastly topic, he was conscious that his hostess was giving him only a fragment of her attention, and her eyes were constantly straying past him to the open window and the lawn beyond. It was certainly an unfortunate coincidence that he should have paid his visit on this tragic anniversary.

"The doctors agree in ordering me complete rest, an absence of mental excitement, and avoidance of anything in the nature of violent physical exercise," announced Framton, who laboured under the tolerably widespread delusion that total strangers and chance acquaintances are hungry for the least detail of one's ailments and infirmities, their cause and cure. "On the matter of diet they are not so much in agreement," he continued.

"No?" said Mrs. Sappleton, in a voice which only replaced a yawn at the last moment. Then she suddenly brightened into alert attention - but not to what Framton was saying.

"Here they are at last!" she cried. "Just in time for tea, and don't they look as if they were muddy up to the eyes!"

Framton shivered slightly and turned towards the niece with a

---

4) chattered on

look intended to convey sympathetic comprehension. The child was staring out through the open window with a dazed horror in her eyes. In a chill shock of nameless fear Framton swung round in his seat and looked in the same direction.

In the deepening twilight three figures were walking across the lawn towards the window, they all carried guns under their arms, and one of them was additionally burdened with a white coat hung over his shoulders. A tired brown spaniel kept close at their heels. Noiselessly they neared the house, and then a hoarse young voice chanted out of the dusk: "I said, Bertie, why do you bound?"

Framton grabbed wildly at his stick and hat; the hall door, the gravel drive, and the front gate were dimly noted stages in his headlong retreat. A cyclist coming along the road had to run into the hedge to avoid imminent collision.

"Here we are, my dear," said the bearer of the white mackintosh[5], coming in through the window, "fairly muddy, but most of it's dry. Who was that who bolted out as we came up?"

"A most extraordinary man, a Mr. Nuttel," said Mrs. Sappleton; "could only talk about his illnesses, and dashed off without a word of goodby or apology when you arrived. One would think he had seen a ghost."

"I expect it was the spaniel," said the niece calmly; "he told me he had a horror of dogs. He was once hunted into a cemetery somewhere on the banks of the Ganges by a pack of pariah dogs, and had to spend the night in a newly dug grave with the creatures

---

5) raincoat

snarling and grinning and foaming just above him. Enough to make anyone lose their nerve."

Romance at short notice was her speciality.

Adventure

Sherwood Anderson (1876-1941)

Alice Hindman, a woman of twenty-seven when George Willard was a mere boy, had lived in Winesburg all her life. She clerked in Winney's Dry Goods Store and lived with her mother, who had married a second husband.

Alice's step-father was a carriage painter, and given to drink. His story is an odd one. It will be worth telling some day.

At twenty-seven Alice was tall and somewhat slight. Her head was large and overshadowed her body. Her shoulders were a little stooped and her hair and eyes brown. She was very quiet but beneath a placid exterior a continual ferment went on.

When she was a girl of sixteen and before she began to work in the store, Alice had an affair with a young man. The young man, named Ned Currie, was older than Alice. He, like George Willard, was employed on the Winesburg Eagle[6] and for a long

---

6) a local newspaper

time he went to see Alice almost every evening. Together the two walked under the trees through the streets of the town and talked of what they would do with their lives. Alice was then a very pretty girl and Ned Currie took her into his arms and kissed her. He became excited and said things he did not intend to say and Alice, betrayed[7] by her desire to have something beautiful come into her rather narrow life, also grew excited. She also talked. The outer crust of her life, all of her natural diffidence and reserve, was torn away and she gave herself over to the emotions of love. When, late in the fall of her sixteenth year, Ned Currie went away to Cleveland where he hoped to get a place on a city newspaper and rise in the world, she wanted to go with him. With a trembling voice she told him what was in her mind. "I will work and you can work," she said. "I do not want to harness you to a needless expense that will prevent your making progress. Don't marry me now. We will get along without that and we can be together. Even though we live in the same house no one will say anything. In the city we will be unknown and people will pay no attention to us."

Ned Currie was puzzled by the determination and abandon of his sweetheart and was also deeply touched. He had wanted the girl to become his mistress but changed his mind. He wanted to protect and care for her. "You don't know what you're talking about," he said sharply; "you may be sure I'll let you do no such thing. As soon as I get a good job I'll come back. For the present you'll have

---

7) misled

to stay here. It's the only thing we can do."

On the evening before he left Winesburg to take up his new life in the city, Ned Currie went to call on Alice. They walked about through the streets for an hour and then got a rig from Wesley Moyer's livery and went for a drive in the country. The moon came up and they found themselves unable to talk. In his sadness the young man forgot the resolutions he had made regarding his conduct with the girl.

They got out of the buggy at a place where a long meadow ran down to the bank of Wine Creek and there in the dim light became lovers. When at midnight they returned to town they were both glad. It did not seem to them that anything that could happen in the future could blot out the wonder and beauty of the thing that had happened. "Now we will have to stick to each other, whatever happens we will have to do that," Ned Currie said as he left the girl at her father's door.

The young newspaper man did not succeed in getting a place on a Cleveland paper and went west to Chicago. For a time he was lonely and wrote to Alice almost every day. Then he was caught up by the life of the city; he began to make friends and found new interests in life. In Chicago he boarded at a house where there were several women. One of them attracted his attention and he forgot Alice in Winesburg. At the end of a year he had stopped writing letters, and only once in a long time, when he was lonely or when he went into one of the city parks and saw the moon shining on the grass as it had shone that night on the meadow by Wine Creek, did he think of her at all.

In Winesburg the girl who had been loved grew to be a woman. When she was twenty-two years old her father, who owned a harness repair shop, died suddenly. The harness maker was an old soldier, and after a few months his wife received a widow's pension. She used the first money she got to buy a loom and became a weaver of carpets, and Alice got a place in Winney's store. For a number of years nothing could have induced her to believe that Ned Currie would not in the end return to her.

She was glad to be employed because the daily round of toil in the store made the time of waiting seem less long and uninteresting. She began to save money, thinking that when she had saved two or three hundred dollars she would follow her lover to the city and try if her presence would not win back his affections.

Alice did not blame Ned Currie for what had happened in the moonlight in the field, but felt that she could never marry another man. To her the thought of giving to another what she still felt could belong only to Ned seemed monstrous. When other young men tried to attract her attention she would have nothing to do with them. "I am his wife and shall remain his wife whether he comes back or not," she whispered to herself, and for all of her willingness to support herself could not have understood the growing modern idea of a woman's owning herself and giving and taking for her own ends in life.

Alice worked in the dry goods store from eight in the morning until six at night and on three evenings a week went back to the store to stay from seven until nine. As time passed and she became more and more lonely she began to practice the devices common to lonely people. When at night she went upstairs into her own room she knelt on the floor to pray and in her prayers whispered things she wanted to say to her lover. She became attached to inanimate objects, and because it was her own, could not bare to have anyone touch the furniture of her room. The trick of saving money, begun for a purpose, was carried on after the scheme of going to the city to find Ned Currie had been given up. It became a fixed habit, and when she needed new clothes she did not get them. Sometimes on rainy afternoons in the store she got out her bank book and, letting it lie open before her, spent hours dreaming impossible dreams of saving money enough so that the interest would support both herself and her future husband.

"Ned always liked to travel about," she thought. "I'll give him the chance. Some day when we are married and I can save both his money and my own, we will be rich. Then we can travel together all over the world."

In the dry goods store weeks ran into months and months into years as Alice waited and dreamed of her lover's return. Her employer, a grey old man with false teeth and a thin grey mustache that drooped down over his mouth, was not given to conversation[8], and sometimes, on rainy days and in the winter when a storm raged in Main Street, long hours passed when no customers came in. Alice arranged and rearranged the stock. She stood near the front window where she could look down the deserted street and thought

8) was not given to conversation: 별로 말이 없는 편이었다.

of the evenings when she had walked with Ned Currie and of what he had said. "We will have to stick to each other now." The words echoed and re-echoed through the mind of the maturing woman. Tears came into her eyes. Sometimes when her employer had gone out and she was alone in the store she put her head on the counter and wept. "Oh, Ned, I am waiting," she whispered over and over, and all the time the creeping fear that he would never come back grew stronger within her.

In the spring when the rains have passed and before the long hot days of summer have come, the country about Winesburg is delightful. The town lies in the midst of open fields, but beyond the fields are pleasant patches of woodlands. In the wooded places are many little cloistered nooks, quiet places where lovers go to sit on Sunday afternoons. Through the trees they look out across the fields and see farmers at work about the barns or people driving up and down on the roads. In the town bells ring and occasionally a train passes, looking like a toy thing in the distance.

For several years after Ned Currie went away Alice did not go into the wood with the other young people on Sunday, but one day after he had been gone for two or three years and when her loneliness seemed unbearable, she put on her best dress and set out. Finding a little sheltered place from which she could see the town and a long stretch of the fields, she sat down. Fear of age and ineffectuality took possession of her. She could not sit still, and arose. As she stood looking out over the land something, perhaps the thought of never ceasing life as it expresses itself in the flow of the seasons, fixed her mind on the passing years. With a shiver of dread, she realized that for her the beauty and freshness of youth had passed. For the first time she felt that she had been cheated. She did not blame Ned Currie and did not know what to blame. Sadness swept over her. Dropping to her knees, she tried to pray, but instead of prayers words of protest came to her lips. "It is not going to come to me. I will never find happiness. Why do I tell myself lies?" she cried, and an odd sense of relief came with this, her first bold attempt to face the fear that had become a part of her everyday life.

In the year when Alice Hindman became twenty-five two things happened to disturb the dull uneventfulness of her days. Her mother married Bush Milton, the carriage painter of Winesburg, and she herself became a member of the Winesburg Methodist Church. Alice joined the church because she had become frightened by the loneliness of her position in life. Her mother's second marriage had emphasized her isolation. "I am becoming old and queer. If Ned comes he will not want me. In the city where he is living men are perpetually young. There is so much going on that they do not have time to grow old," she told herself with a grim little smile, and went resolutely about the business of becoming acquainted with people. Every Thursday evening when the store had closed she went to a prayer meeting in the basement of the church and on Sunday evening attended a meeting of an organization called The Epworth League[9].

When Will Hurley, a middle-aged man who clerked in a drug

---

9) the name of a church group

store and who also belonged to the church, offered to walk home with her she did not protest. "Of course I will not let him make a practice of being with me, but if he comes to see me once in a long time there can be no harm in that," she told herself, still determined in her loyalty to Ned Currie.

Without realizing what was happening, Alice was trying feebly at first, but with growing determination, to get a new hold upon life. Beside the drug clerk she walked in silence, but sometimes in the darkness as they went stolidly along she put out her hand and touched softly the folds of his coat. When he left her at the gate before her mother's house she did not go indoors, but stood for a moment by the door. She wanted to call to the drug clerk, to ask him to sit with her in the darkness on the porch before the house, but was afraid he would not understand. "It is not him that I want," she told herself; "I want to avoid being so much alone. If I am not careful I will grow unaccustomed to being with people."

During the early fall of her twenty-seventh year a passionate restlessness took possession of Alice. She could not bear to be in the company of the drug clerk, and when, in the evening, he came to walk with her she sent him away. Her mind became intensely active and when, weary from the long hours of standing behind the counter in the store, she went home and crawled into bed, she could not sleep. With staring eyes she looked into the darkness. Her imagination, like a child awakened from long sleep, played about the room. Deep within her there was something that would not be cheated by phantasies and that demanded some definite answer from life.

Alice took a pillow into her arms and held it tightly against her breasts. Getting out of bed, she arranged a blanket so that in the darkness it looked like a form lying between the sheets and, kneeling beside the bed, she caressed it, whispering words over and over, like a refrain. “Why doesn’t something happen? Why am I left here alone?” she muttered. Although she sometimes thought of Ned Currie, she no longer depended on him. Her desire had grown vague. She did not want Ned Currie or any other man. She wanted to be loved, to have something answer the call that was growing louder and louder within her.

And then one night when it rained Alice had an adventure. It frightened and confused her. She had come home from the store at nine and found the house empty. Bush Milton had gone off to town and her mother to the house of a neighbor. Alice went upstairs to her room and undressed in the darkness. For a moment she stood by the window hearing the rain beat against the glass and then a strange desire took possession of her. Without stopping to think of what she intended to do, she ran downstairs through the dark house and out into the rain. As she stood on the little grass plot before the house and felt the cold rain on her body a mad desire to run naked through the streets took possession of her.

She thought that the rain would have some creative and wonderful effect on her body. Not for years had she felt so full of youth and courage. She wanted to leap and run, to cry out, to find some other lonely human and embrace him. On the brick sidewalk before the house a man stumbled homeward. Alice started to run. A wild, desperate mood took possession of her. “What do I care who it is. He is alone, and I will go to him," she thought; and then without stopping to consider the possible result of her madness, called softly. "Wait!" she cried. "Don't go away. Whoever you are, you must wait."

The man on the sidewalk stopped and stood listening. He was an old man and somewhat deaf. Putting his hand to his mouth, he shouted. "What? What say?" he called.

Alice dropped to the ground and lay trembling. She was so frightened at the thought of what she had done that when the man had gone on his way she did not dare get to her feet, but crawled on hands and knees through the grass to the house. When she got to her own room she bolted the door and drew her dressing table across the doorway. Her body shook as with a chill and her hands trembled so that she had difficulty getting into her nightdress. When she got into bed she buried her face in the pillow and wept brokenheartedly. "What is the matter with me? I will do something dreadful if I am not careful," she thought, and turning her face to the wall, began trying to force herself to face bravely the fact that many people must live and die alone, even in Winesburg.

A Dill Pickle

Katherine Mansfield (1888-1923)

And then, after six years, she saw him again. He was seated at one of those little bamboo tables decorated with a Japanese vase of paper daffodils. There was a tall plate of fruit in front of him, and very carefully, in a way she recognized immediately as his "special" way, he was peeling an orange.

He must have felt that shock of recognition in her for he looked up and met her eyes. Incredible! He didn't know her! She smiled; he frowned. She came towards him. He closed his eyes an instant, but opening them his face lit up as though he had struck a match in a dark room. He laid down the orange and pushed back his chair, and she took her little warm hand out of her muff and gave it to him.

"Vera!" he exclaimed. "How strange. Really, for a moment I didn't know you. Won't you sit down? You've had lunch? Won't you have some coffee?"

She hesitated, but of course she meant to.

"Yes, I'd like some coffee." And she sat down opposite him.

"You've changed. You've changed very much," he said, staring at her with that eager, lighted look. "You look so well. I've never seen you look so well before."

"Really?" She raised her veil and unbuttoned her high fur collar. "I don't feel very well. I can't bear this weather, you know."

"Ah, no. You hate the cold. . . . "

"Loathe it." She shuddered. "And the worst of it is that the older one grows . . . "

He interrupted her. "Excuse me," and tapped on the table for the waitress. "Please bring some coffee and cream." To her: "You are sure you won't eat anything? Some fruit, perhaps. The fruit here is very good."

"No, thanks. Nothing."

"Then that's settled." And smiling just a hint[10] too broadly he took up the orange again. "You were saying--the older one grows --"

"The colder," she laughed. But she was thinking how well she remembered that trick of his --the trick of interrupting her- and of how it used to exasperate her six years ago. She used to feel then as though he, quite suddenly, in the middle of what she was saying, put his hand over her lips, turned from her, attended to something different, and then took his hand away, and with just the same slightly too broad smile, gave her his attention again. . . . Now we are ready. That is settled.

"The colder!" He echoed her words, laughing too. "Ah, ah. You still say the same things. And there is another thing about you that is not changed at all--your beautiful voice--your beautiful way of speaking." Now he was very grave; he leaned towards her, and she smelled the warm, stinging scent of the orange peel. "You have only to say one word and I would know your voice among all other

10) just a little

voices. I don't know what it is--I've often wondered--that makes your voice such a haunting memory. . . . Do you remember that first afternoon we spent together at Kew Gardens? You were so surprised because I did not know the names of any flowers. I am still just as ignorant for all your telling me. But whenever it is very fine and warm, and I see some bright colours--it's awfully strange --I hear your voice saying: 'Geranium, marigold, and verbena.' And I feel those three words are all I recall of some forgotten, heavenly language. . . . You remember that afternoon?"

"Oh, yes, very well." She drew a long, soft breath, as though the paper daffodils between them were almost too sweet to bear. Yet, what had remained in her mind of that particular afternoon was an absurd scene over the tea table. A great many people taking tea in a Chinese pagoda, and he behaving like a maniac about the wasps--waving them away, flapping at them with his straw hat, serious and infuriated out of all proportion to the occasion. How delighted the sniggering tea drinkers had been. And how she had suffered.

But now, as he spoke, that memory faded. His was the truer. Yes, it had been a wonderful afternoon, full of geranium and marigold and verbena, and--warm sunshine. Her thoughts lingered over the last two words as though she sang them.

In the warmth, as it were, another memory unfolded. She saw herself sitting on a lawn. He lay beside her, and suddenly, after a long silence, he rolled over and put his head in her lap.

"I wish," he said, in a low, troubled voice, "I wish that I had taken poison and were about to die--here now!"

At that moment a little girl in a white dress, holding a long, dripping water lily, dodged from behind a bush, stared at them, and dodged back again. But he did not see. She leaned over him.

"Ah, why do you say that? I could not say that."

But he gave a kind of soft moan, and taking her hand he held it to his cheek.

"Because I know I am going to love you too much--far too much. And I shall suffer so terribly, Vera, because you never, never will love me."

He was certainly far better looking now than he had been then. He had lost all that dreamy vagueness and indecision. Now he had the air of a man who has found his place in life, and fills it with a confidence and an assurance which was, to say the least, impressive. He must have made money, too. His clothes were admirable, and at that moment he pulled a Russian cigarette case out of his pocket.

"Won't you smoke?"

"Yes, I will." She hovered[11)] over them. "They look very good."

"I think they are. I get them made for me by a little man in St. James's Street. I don't smoke very much. I'm not like you--but when I do, they must be delicious, very fresh cigarettes. Smoking isn't a habit with me; it's a luxury - like perfume. Are you still so fond of perfumes? Ah, when I was in Russia . . . "

She broke in: "You've really been to Russia?"

"Oh, yes. I was there for over a year. Have you forgotten how

---

11) hesitated

we used to talk of going there?"

"No, I've not forgotten."

He gave a strange half laugh and leaned back in his chair. "Isn't it curious. I have really carried out all those journeys that we planned. Yes, I have been to all those places that we talked of, and stayed in them long enough to--as you used to say, 'air oneself' in them. In fact, I have spent the last three years of my life travelling all the time. Spain, Corsica, Siberia, Russia, Egypt. The only country left is China, and I mean to go there, too, when the war is over."

As he spoke, so lightly, tapping the end of his cigarette against the ash-tray, she felt the strange beast that had slumbered so long within her bosom stir, stretch itself, yawn, prick up its ears, and suddenly bound to its feet, and fix its longing, hungry stare upon those far away places. But all she. said was, smiling gently: "How I envy you."

He accepted that. "It has been," he said, "very wonderful--especially Russia. Russia was all that we had imagined, and far, far more. I even spent some days on a river boat on the Volga. Do you remember that boatman's song that you used to play?"

"Yes." It began to play in her mind as she spoke.

"Do you ever play it now?"

"No, I've no piano."

He was amazed at that. "But what has become of your beautiful piano?"

She made a little grimace. "Sold. Ages ago."

"But you were so fond of music," he wondered.

"I've no time for it now," said she.

He let it go at that. "That river life," he went on, "is something quite special. After a day or two you cannot realize that you have ever known another. And it is not necessary to know the language --the life of the boat creates a bond between you and the people that's more than sufficient. You eat with them, pass the day with them, and in the evening there is that endless singing."

She shivered, hearing the boatman's song break out again loud and tragic, and seeing the boat floating on the darkening river with melancholy trees on either side. . . . "Yes, I should like that," said she, stroking her muff.

"You'd like almost everything about Russian life," he said warmly. "It's so informal, so impulsive, so free without question. And then the peasants are so splendid. They are such human beings --yes, that is it. Even the man who drives your carriage has--has some real part in what is happening. I remember the evening a party of us, two friends of mine and the wife of one of them, went for a picnic by the Black Sea. We took supper and champagne and ate and drank on the grass. And while we were eating the coachman came up. 'Have a dill pickle,' he said. He wanted to share with us. That seemed to me so right, so--you know what I mean?"

And she seemed at that moment to be sitting on the grass beside the mysteriously Black Sea, black as velvet, and rippling against the banks in silent, velvet waves. She saw the carriage drawn up to one side of the road, and the little group on the grass, their faces and hands white in the moonlight. She saw the pale dress of the woman outspread and her folded parasol, lying on the grass like a huge pearl crochet hook[12]. Apart from them, with his supper in a cloth on his knees, sat the coachman. "Have a dill pickle," said he, and although she was not certain what a dill pickle was, she saw the greenish glass jar with a red chili like a parrot's beak glimmering through. She sucked in her cheeks; the dill pickle was terribly sour. . .

"Yes, I know perfectly what you mean," she said.

In the pause that followed they looked at each other. In the past when they had looked at each other like that they had felt such a boundless understanding between them that their souls had, as it were, put their arms round each other and dropped into the same sea, content to be drowned, like mournful lovers. But now, the surprising thing was that it was he who held back. He who said:

"What a marvellous listener you are. When you look at me with those wild eyes I feel that I could tell you things that I would never breathe to another human being."

Was there just a hint of mockery in his voice or was it her fancy? She could not be sure.

"Before I met you," he said, "I had never spoken of myself to anybody. How well I remember one night, the night that I brought you the little Christmas tree, telling you all about my childhood. And of how I was so miserable that I ran away and lived under a cart in our yard for two days without being discovered. And you listened, and your eyes shone, and I felt that you had even made

12) hooked needle like a knitting needle

the little Christmas tree listen too, as in a fairy story."

But of that evening she had remembered a little pot of caviare. It had cost seven and sixpence. He could not get over it. Think of it--a tiny jar like that costing seven and sixpence[13]. While she ate it he watched her, delighted and shocked.

"No, really, that is eating money. You could not get seven shillings into a little pot that size. Only think of the profit they must make. . . . " And he had begun some immensely complicated calculations. . . . But now good-bye to the caviare. The Christmas tree was on the table, and the little boy lay under the cart with his head pillowed on the yard dog.

"The dog was called Bosun," she cried delightedly.

But he did not follow. "Which dog? Had you a dog? I don't remember a dog at all."

"No, no. I meant the yard dog when you were a little boy." He laughed and snapped the cigarette case to[14].

"Was he? Do you know I had forgotten that. It seems such ages ago. I cannot believe that it is only six years. After I had recognized you today--I had to take such a leap--I had to take a leap over my whole life to get back to that time. I was such a kid then." He drummed on the table. "I've often thought how I must have bored you. And now I understand so perfectly why you wrote to me as you did - although at the time that letter nearly finished my life. I found it again the other day, and I couldn't help laughing as I read it. It was so clever--such a true picture of me." He glanced

13) seven shillings and six pence
14) snapped to: closed quickly

up. “You're not going?”

She had buttoned her collar again and drawn down her veil.

“Yes, I am afraid I must,” she said, and managed a smile. Now she knew that he had been mocking.

“Ah, no, please,” he pleaded. “Don't go just for a moment,” and he caught up one of her gloves from the table and clutched at it as if that would hold her. “I see so few people to talk to nowadays, that I have turned into a sort of barbarian," he said. "Have I said something to hurt you?”

“Not a bit,” she lied. But as she watched him draw her glove through his fingers, gently, gently, her anger really did die down, and besides, at the moment he looked more like himself of six years ago. . . .

“What I really wanted then,” he said softly, “was to be a sort of carpet - to make myself into a sort of carpet for you to walk on so that you need not be hurt by the sharp stones and mud that you hated so. It was nothing more positive than that - -nothing more selfish. Only I did desire, eventually, to turn into a magic carpet and carry you away to all those lands you longed to see.”

As he spoke she lifted her head as though she drank something; the strange beast in her bosom began to purr . . .

“I felt that you were more lonely than anybody else in the world,” he went on, “and yet, perhaps, that you were the only person in the world who was really, truly alive. Born out of your time,” he murmured, stroking the glove, “fated.”

Ah, God! What had she done! How had she dared to throw away her happiness like this. This was the only man who had ever understood her. Was it too late? Could it be too late? She was that glove that he held in his fingers. . . .

“And then the fact that you had no friends and never had made friends with people. How I understood that, for neither had I. Is it just the same now?”

“Yes,” she breathed. “Just the same. I am as alone as ever.”

“So am I,” he laughed gently, “just the same.” Suddenly with a quick gesture he handed her back the glove and scraped his chair on the floor. “But what seemed to me so mysterious then is perfectly plain to me now. And to you, too, of course. . . . It simply was that we were such egoists, so self-engrossed[15], so wrapped up in ourselves that we hadn't a corner in our hearts for anybody else. Do you know,” he cried, naive and hearty, and dreadfully like another side of that old self again, “I began studying a Mind System when I was in Russia, and I found that we were not peculiar at all. It's quite a well-known form of . . . ”

She had gone. He sat there, thunder-struck, astounded beyond words. . . . And then he asked the waitress for his bill.

“But the cream has not been touched,” he said. “Please do not charge me for it.”

15) occupied exclusively with oneself

The Legacy

Virginia Woolf (1882-1941)

"For Sissy Miller." Gilbert Clandon, taking up the pearl brooch that lay among a litter of rings and brooches on a little table in his wife's drawing-room, read the inscription: "For Sissy Miller, with my love."

It was like Angela to have remembered even Sissy Miller, her secretary. Yet how strange it was, Gilbert Clandon thought once more, that she had left everything in such order--a little gift of some sort for every one of her friends. It was as if she had foreseen her death. Yet she had been in perfect health when she left the house that morning, six weeks ago; when she stepped off the kerb in Piccadilly[16] and the car had killed her.

He was waiting for Sissy Miller. He had asked her to come; he owed her, he felt, after all the years she had been with them, this token of consideration. Yes, he went on, as he sat there waiting, it was strange that Angela had left everything in such order. Every friend had been left some little token of her affection. Every ring, every necklace, every little Chinese box--she had a passion for little boxes--had a name on it. And each had some memory for him. This he had given her; this--the enamel dolphin with the ruby eyes--she had pounced upon one day in a back street in Venice. He could remember her little cry of delight. To him, of course, she had

16) 런던의 웨스트민스터에 위치한 번화한 중심도로.

left nothing in particular, unless it were her diary. Fifteen little volumes, bound in green leather, stood behind him on her writing table. Ever since they were married, she had kept a diary. Some of their very few--he could not call them quarrels, say tiffs--had been about that diary. When he came in and found her writing, she always shut it or put her hand over it. “No, no, no,” he could hear her say, “After I'm dead--perhaps.” So she had left it him, as her legacy. It was the only thing they had not shared when she was alive. But he had always taken it for granted that she would outlive him. If only she had stopped one moment, and had thought what she was doing, she would be alive now. But she had stepped straight off the kerb, the driver of the car had said at the inquest. She had given him no chance to pull up. . . . Here the sound of voices in the hall interrupted him.

“Miss Miller, Sir,” said the maid.

She came in. He had never seen her alone in his life, nor, of course, in tears. She was terribly distressed, and no wonder. Angela had been much more to her than an employer. She had been a friend. To himself, he thought, as he pushed a chair for her and asked her to sit down, she was scarcely distinguishable from any other woman of her kind. There were thousands of Sissy Millers--drab little women in black carrying attache cases. But Angela, with her genius for sympathy, had discovered all sorts of qualities in Sissy Miller. She was the soul of discretion; so silent; so trustworthy, one could tell her anything, and so on.

Miss Miller could not speak at first. She sat there dabbing her eyes with her pocket handkerchief. Then she made an effort.

"Pardon me, Mr. Clandon," she said.

He murmured. Of course he understood. It was only natural. He could guess what his wife had meant to her.

"I've been so happy here," she said, looking round. Her eyes rested on the writing table behind him. It was here they had worked--she and Angela. For Angela had her share of the duties that fall to the lot of a prominent politician's wife. She had been the greatest help to him in his career. He had often seen her and Sissy sitting at that table--Sissy at the typewriter, taking down letters from her dictation. No doubt Miss Miller was thinking of that, too. Now all he had to do was to give her the brooch his wife had left her. A rather incongruous gift it seemed. It might have been better to have left her a sum of money, or even the typewriter. But there it was--"For Sissy Miller, with my love." And, taking the brooch, he gave it her with the little speech that he had prepared. He knew, he said, that she would value it. His wife had often worn it. . . . And she replied, as she took it almost as if she too had prepared a speech, that it would always be a treasured possession. . . . She had, he supposed, other clothes upon which a pearl brooch would not look quite so incongruous. She was wearing the little black coat and skirt that seemed the uniform of her profession. Then he remembered--she was in mourning, of course. She, too, had had her tragedy--a brother, to who m she was devoted, had died only a week or two before Angela. In some accident was it? He could not remember- only Angela telling him. Angela, with her genius for sympathy, had been terribly upset. Meanwhile Sissy Miller had risen. She was putting on her gloves. Evidently she felt that she ought not to intrude. But he could not let her go without saying something about her future. What were her plans? Was there any way in which he could help her?

She was gazing at the table, where she had sat at her typewriter, where the diary lay. And, lost in her memories of Angela, she did not at once answer his suggestion that he should help her. She seemed for a moment not to understand. So he repeated:

"What are your plans, Miss Miller?"

"My plans? Oh, that's all right, Mr. Clandon," she exclaimed. "Please don't bother yourself about me."

He took her to mean that she was in no need of financial assistance. It would be better, he realized, to make any suggestion of that kind in a letter. All he could do now was to say as he pressed her hand, "Remember, Miss Miller, if there's any way in which I can help you, it will be a pleasure. . . ." Then he opened the door. For a moment, on the threshold, as if a sudden thought had struck her, she stopped.

"Mr. Clandon," she said, looking straight at him for the first time, and for the first time he was struck by the expression, sympathetic yet searching, in her eyes. "If at any time," she continued, "there's anything I can do to help you, remember, I shall feel it, for your wife's sake, a pleasure . . ."

With that she was gone. Her words and the look that went with them were unexpected. It was almost as if she believed, or hoped, that he would need her. A curious, perhaps a fantastic idea occurred to him as he returned to his chair. Could it be, that during all those years when he had scarcely noticed her, she, as the novelists say, had entertained a passion for him? He caught his own reflection in the glass as he passed. He was over fifty; but he could not help admitting that he was still, as the looking-glass showed him, a very distinguished-looking man.

"Poor Sissy Miller!" he said, half laughing. How he would have liked to share that joke with his wife! He turned instinctively to her diary. "Gilbert," he read, opening it at random, "looked so wonderful. . . ." It was as if she had answered his question. Of course, she seemed to say, you're very attractive to women. Of course Sissy Miller felt that too. He read on. "How proud I am to be his wife!" And he had always been very proud to be her husband. How often, when they dined out somewhere, he had looked at her across the table and said to himself, She is the loveliest woman here! He read on. That first year he had been standing for Parliament. They had toured his constituency. "When Gilbert sat down the applause was terrific. The whole audience rose and sang: 'For he's a jolly good fellow.' I was quite overcome." He remembered that, too. She had been sitting on the platform beside him. He could still see the glance she cast at him, and how she had tears in her eyes. And then? He turned the pages. They had gone to Venice. He recalled that happy holiday after the election. "We had ices at Florians." He smiled--she was still such a child; she loved ices. "Gilbert gave me a most interesting account of the history of Venice. He told me that the Doges[17]. . ." she had written it all out in her schoolgirl hand. One of the delights of

17) Doge: 697년경부터 베네찌아 공화국이 몰락한 1797년까지 베네찌아를 통치한 최고지도자를 가르키는 명칭.

travelling with Angela had been that she was so eager to learn. She was so terribly ignorant, she used to say, as if that were not one of her charms. And then--he opened the next volume-they had come back to London. "I was so anxious to make a good impression. I wore my wedding dress." He could see her now sitting next old Sir Edward; and making a conquest of that formidable old man, his chief. He read on rapidly, filling in scene after scene from her scrappy fragments. "Dined at the House of Commons. . .. To an evening party at the Lovegroves. Did I realize my responsibility, Lady L. asked me, as Gilbert's wife?" Then, as the years passed-he took another volume from the writing table--he had become more and more absorbed in his work. And she, of course, was more often alone. . .. It had been a great grief to her, apparently, that they had had no children. "How I wish," one entry read, "that Gilbert had a son!" Oddly enough he had never much regretted that himself. Life had been so full, so rich as it was. That year he had been given a minor post in the government. A minor post only, but her comment was: "I am quite certain now that he will be Prime Minister!" Well, if things had gone differently, it might have been so. He paused here to speculate upon what might have been. Politics was a gamble, he reflected; but the game wasn't over yet. Not at fifty. He cast his eyes rapidly over more pages, full of the little trifles, the insignificant, happy, daily trifles that had made up her life.

He took up another volume and opened it at random. "What a coward I am! I let the chance slip again. But it seemed selfish to bother him with my own affairs, when he has so much to think about. And we so seldom have an evening alone." What was the meaning of that? Oh, here was the explanation--it referred to her work in the East End[18]. "I plucked up courage and talked to Gilbert at last. He was so kind, so good. He made no objection." He remembered that conversation. She had told him that she felt so idle, so useless. She wished to have some work of her own. She wanted to do something--she had blushed so prettily, he remembered, as she said it, sitting in that very chair--to help others. He had bantered her a little. Hadn't she enough to do looking after him, after her home? Still, if it amused her, of course he had no objection. What was it? Some district? Some committee? Only she must promise not to make herself ill. So it seemed that every Wednesday she went to Whitechapel[19]. He remembered how he hated the clothes she wore on those occasions. But she had taken it very seriously, it seemed. The diary was full of references like this: "Saw Mrs. Jones. . . She has ten children. . . . Husband lost his arm in an accident. . . . Did my best to find a job for Lily." He skipped on. His own name occurred less frequently. His interest slackened. Some of the entries conveyed nothing to him. For example: "Had a heated argument about socialism with B. M." Who was B. M.? He could not fill in the initials; some woman, he supposed, that she had met on one of her committees. "B. M. made a violent attack upon the upper classes. . .. I walked back after the meeting with B. M. and tried to convince him. But he is so narrow-minded." So B. M. was

---

18) 런던 북동부 지역으로 산업혁명 이후 노동자들이 모여들어 빈민가가 됨.
19) 이스트엔드의 한 구역.

a man-no doubt one of those "intellectuals," as they call themselves, who are so violent, as Angela said, and so narrow-minded. She had invited him to come and see her apparently. "B. M. came to dinner. He shook hands with Minnie!" That note of exclamation gave another twist to his mental picture. B. M., it seemed, wasn't used to parlourmaids; he had shaken hands with Minnie. Presumably he was one of those tame working men who air their views in ladies' drawing-rooms. Gilbert knew the type, and had no liking for this particular specimen, whoever B. M. might be. Here he was again. "Went with B. M. to the Tower of London. . . . He said revolution is bound to come . . . He said we live in a Fool's Paradise." That was just the kind of thing B. M. would say--Gilbert could hear him. He could also see him quite distinctly--a stubby little man, with a rough beard, red tie, dressed as they always did in tweeds, who had never done an honest day's work in his life. Surely Angela had the sense to see through him? He read on. "B. M. said some very disagreeable things about--" The name was carefully scratched out. "I told him I would not listen to any more abuse of--." Again the name was obliterated. Could it have been his own name? Was that why Angela covered the page so quickly when he came in? The thought added to his growing dislike of B. M. He had had the impertinence to discuss him in this very room. Why had Angela never told him? It was very unlike her to conceal anything; she had been the soul of candour. He turned the pages, picking out every reference to B. M. "B. M. told me the story of his childhood. His mother went out charring . . . When I think of it, I can hardly bear to go on living in such luxury. . .. Three guineas for one hat!" If only she had discussed the matter with him, instead of puzzling her poor little head about questions that were much too difficult for her to understand! He had lent her books. KARL MARX, THE COMING REVOLUTION[20]. The initials B. M., B. M., B. M., recurred repeatedly. But why never the full name? There was an informality, an intimacy in the use of initials that was very unlike Angela. Had she called him B. M. to his face? He read on. "B. M. came unexpectedly after dinner. Luckily, I was alone." That was only a year ago. "Luckily"--why luckily?-- "I was alone." Where had he been that night? He checked the date in his engagement book. It had been the night of the Mansion House dinner. And B. M. and Angela had spent the evening alone! He tried to recall that evening. Was she waiting up for him when he came back? Had the room looked just as usual? Were there glasses on the table? Were the chairs drawn close together? He could remember nothing--nothing whatever, nothing except his own speech at the Mansion House dinner. It became more and more inexplicable to him--the whole situation; his wife receiving an unknown man alone. Perhaps the next volume would explain. Hastily he reached for the last of the diaries--the one she had left unfinished when she died. There, on the very first page, was that cursed fellow again. "Dined alone with B. M. . . . He became very agitated. He said it was time we understood each other. . .. I tried to make him listen. But he would not. He threatened that if I did not . . ." the rest of the page

---

20) 당대의 사회주의자 헨리 메이어 하이드먼(1842-1921)의 소책자.

was scored over. She had written "Egypt. Egypt. Egypt," over the whole page. He could not make out a single word; but there could be only one interpretation: the scoundrel had asked her to become his mistress. Alone in his room! The blood rushed to Gilbert Clandon's face. He turned the pages rapidly. What had been her answer? Initials had ceased. It was simply "he" now. "He came again. I told him I could not come to any decision. . . . I implored him to leave me." He had forced himself upon her in this very house. But why hadn't she told him? How could she have hesitated for an instant? Then: "I wrote him a letter." Then pages were left blank. Then there was this: "No answer to my letter." Then more blank pages; and then this: "He has done what he threatened." After that--what came after that? He turned page after page. All were blank. But there, on the very day before her death, was this entry: "Have I the courage to do it too?" That was the end.

Gilbert Clandon let the book slide to the floor. He could see her in front of him. She was standing on the kerb in Piccadilly. Her eyes stared; her fists were clenched. Here came the car. . ..

He could not bear it. He must know the truth. He strode to the telephone.

"Miss Miller!" There was silence. Then he heard someone moving in the room.

"Sissy Miller speaking"--her voice at last answered him.

"Who," he thundered, "is B. M.?"

He could hear the cheap clock ticking on her mantelpiece; then a long drawn sigh. Then at last she said:

"He was my brother."

He was her brother; her brother who had killed himself. "Is there," he heard Sissy Miller asking, "anything that I can explain?"

"Nothing!" he cried. "Nothing!"

He had received his legacy. She had told him the truth. She had stepped off the kerb to rejoin her lover. She had stepped off the kerb to escape from him.

제12장

영미희곡의 이해와 분석 1

희곡의 정의와 구성요소

1. 희곡의 정의

배우, 관객과 함께 연극의 3대 요소 가운데 하나인 희곡(drama or play)은 다음과 같이 정의될 수 있습니다.

> the literary form designed for the theater, in which actors take the roles of the characters, perform the indicated action, and utter the written dialogue.
>
> 극장에서 상연하기 위한 문학의 형태로서 그 안에서 배우는 인물의 역할을 맡고, 지시된 행동을 수행하며, 문자로 쓰여진 대화를 구사한다.

이 정의로부터 우리는 희곡의 기본적인 요소가 인물, 행동, 대사임을 알게 됩니다.

2. 희곡의 기원

희곡은 연극과 함께 탄생한 문학 장르입니다. 고대 그리스에서 주신(酒神) Dionysus(Bacchus)를 기리는 축제가 연극의 시작이라는 설이 있는데 당시 연극은 춤과 노래가 위주였으나 나중에 대사(dialogue)가 붙으면서 오늘 날과 같은 형태의 연극으로 자리잡게 되었습니다. 그 희곡 작품이 후세에 전해진 고대 그리스의 극작가로는 Aeschylus(BC 525-456), Sophocles(BC 496-406), Euripides (BC 486-406) 등이 있습니다.

3. 희곡의 특징

희곡은 문자를 통하여 사상과 감정을 표현한다는 점에서 시나 소설과 크게 다르지 않습니다만 무대에 상연을 전제로 한 형태이기 때문에 희곡에는 여러 가지 제약이 따를 수 있습니다. 다른 장르와 비교해보면 희곡의 특징이 보다 분명하게 드러날 수 있습니다.

다음은 미국 대학들에서 문학개론 교재로 널리 쓰여온 『희곡의 이해』(*Understanding Drama*)에 소개된 희곡의 특징입니다.

> (1) There can be none of the direct description—of persons, places, sounds, sights, smells—upon which both fiction and poetry heavily depend; the character's speeches can do little of this without becoming strained and implausible.

희곡에서는 시나 소설처럼 인물이나 장소, 소리, 시각, 냄새 등을 직접적으로 묘사할 수 없습니다. 만일 극중 인물의 대사를 통해서 이를 시도할 경우 어색하고 사실성을 잃게 됩니다.

(2) There can be no direct comments by the author, on the meaning of an action, a situation, an expression, a gesture, and so on.

희곡에서는 작가가 나서 행동이나 상황, 표정과 몸짓 등을 직접적으로 해설할 수 없습니다. 작가는 등장 인물들의 행동과 대사를 보여 주기만 할 뿐이지 이에 대하여 자신의 목소리로 논평할 수는 없습니다.

(3) There can be little direct use of action that is purely mental or psychological; some direct mental probing can be done, as in Shakespeare's soliloquies, but in general this will have to be occasional and subordinate.

희곡에서는 순수한 정신적, 심리적 행동을 직접적으로 사용하는 경우는 거의 없습니다. 소설에서는 인물의 내면 심리가 묘사될 수 있지만 희곡에서는 그것이 어떤 행태로든 외부로 표현되어야 하기 때문입니다.

그 외에도 소설과 비교해 보면 희곡이 안고 있는 제약, 곧 희곡의 특징이 다음과 같이 나타납니다.

첫째, 소설은 이야기의 길이나 내용에 따라 시간과 공간을 자유롭게 이동시킬 수 있으며 그 길이에 제약이 없는 반면, 희곡은 시간적으로나 공간적으로 제약을 받을 수밖에 없습니다. 희곡은 반드시 무대 위에서 두 시간 내지 세 시간 동안 공연될 완결된 내용을 담고 있어야 하기 때문입니다.

둘째, 소설은 과거, 현재, 미래를 넘나들며 전개되는데 반해, 희곡은 항상 사건을 현재화 하여 무대 위에서 직접 보여주어야 합니다. 대신 그 감동은 소설보다 더욱 생생하고 강력할 수 있습니다.

4. 희곡의 구성요소

그리스의 철학자 Aristotle은 문학 예술의 이론을 담고 있는 그의 저서 『시학』(*Poetics*)의 제6장에서 희곡의 기본적 구성요소를 다음과 같이 여섯 가지로 제시합니다. 간추리면 dianoia(thought 사상), opsis(visual adornment 시각 장치), melopoeia(song composition 노래), lexis(verbal expression 언어 표현), ethos(character 인물), mythos(plot 구성)입니다.

(1) dianoia

극작가(playwright)가 희곡에서 표현하는 생각이나 사상을 말합니다. 다른 문학 장르에서도 작가의 사상이 드러날 수 있으나 희곡에서는 그것이 항상 등장 인물의 말과 행동을 통해 표현됩니다.

(2) opsis

무대에서 시각 효과를 위해 동원되는 여러 가지 장치를 말합니다. 배경 장면, 의상, 소도구, 조명 등이 그것입니다. 무대 장치를 사용하는 데에 있어서도 작품 경향이나 사조에 따라 다를 수 있습니다. 가령 사실주의적 연극에서는 현실감을 더하기 위해 그야말로 사실적인 소품과 장치를 동원할 수 있습니다. 반면에 현대극에서는 상징적인 장치와 소품들이 동원됩니다. 여러분들이 만일 아일랜드 태생의 극작가 Samuel Becket(1906-1989)의 *Waiting for Godot*를 보았다면 무대 위에 동원되는 장치와 소품들이 얼마나 단촐하고 상징적인지를 느꼈을 것입니다.

(3) melopoeia

희곡에서 사용되는 율동과 노래를 말합니다. 현대극보다는 고전극, 특히 연극의 기원지인 그리스의 극에는 마스크를 쓴 한 무리의 chorus가 등장하여 노래와 율동을 보여줍니다. 뮤지컬(musical)은 이 melopoeia가 극대화된 연극의 형태라고 할 수 있습니다.

(4) lexis

문자 그대로 극작가가 희곡에서 사용하는 언어를 가리킵니다. 희곡에서 언어가 차지하는 비중은 거의 절대적입니다. 희곡의 언어는 대사(dialogue), 독백(soliloquy or monologue), 방백(aside), 그리고 무대 지시문(stage direction)으로 나눌 수 있습니다.

A. 대사

등장인물이 서로 주고 받는 말입니다. 희곡은 소설과 달리 직접 묘사나 서술을 할 수 없기 때문에 대사는 등장인물의 성격을 드러내고 사건을 진행시켜야 합니다. 일반적으로 희곡의 대사가 갖추어야 할 조건을 정리해보면 다음과 같습니다.

a. characterization and progression: 대사는 등장 인물의 성격을 나타내어야 하며 사건을 진행시키고 행동을 유발함으로써 플롯을 전개 시켜야 합니다.
b. plausibility and naturalness: 대사는 자연스러워야 합니다. 즉 등장인물들이 상황과 신분, 다시 말해 직업, 나이, 출신 지역, 교육 정도에 따라 적절한 대사가 구사되도록 해야 하는 것입니다.
c. concentration: 대사는 플롯을 진행시키기 위해 집중적이고 압축적이어야 합니다. 극의 진행과 관련이 없는 장황한 대사는 피해야 합니다.

B. 독백

무대 위에 아무런 응답자가 없이 등장 인물이 혼자 하는 말입니다. 극작가가 독백을 사용하는 목적은 등장인물의 동기(motives), 의도(intentions), 심리상태(the state of mind)를 관객에게 직접 전해주기 의한 것입니다. 시의 인유(allusion)를 공부할 때 예로 들었던 Macbeth의 독백이 그 좋은 예가 될 수 있습니다.

여러분들은 Shakespeare의 *Hamlet*에 나오는 "To be, or not to be: that is the question"으로 시작하는 유명한 독백에 대해 들어 본 적이 있을 것입니다. Shakespeare의 비극에 관해서는 다음 장에서 자세히 알아보겠지만 우선 *Hamlet* 3막 1장에 나오는 그 독백을 한 번 감상하겠습니다. 이 독백은 부왕(父王)이 삼촌 Claudius에 의해 독살 당한 것을 알고 난 뒤에 주인공이 겪는 심리적 갈등을 담고 있습니다. 권력에의 야욕과 색정 - 어머니 Gertrude는 남편이 죽자 곧바로 시동생의 부인이 되어 왕비의 지위를 유지하는데 Hamlet은 이를 어머니가 정욕을 이기지 못한 결과라고 단정합니다 - 으로 가득 찬 Denmark의 현실에서 벗어날 수 있는 유일한 방법은 스스로 목숨을 끊는 것이라 보면서도 이 결심을 가로막는 장애물, 곧 죽음 뒤에 펼쳐질 세계에 대한 염려로 번민합니다. 이 번민은 결국 부왕에 대한 복수를 지연시키는 그의 우유부단함의 한 가지 사례가 되고 있습니다.

> To be, or not to be: that is the question:
> Whether 'tis nobler in the mind to suffer
> The slings and arrows of outrageous fortune,
> Or to take arms against a sea of troubles,
> And by opposing end them? To die: to sleep;
> No more; and, by a sleep to say we end
> The heart-ache and the thousand natural shocks
> That flesh is heir to, 'tis a consummation
> Devoutly to be wish'd.

To die, to sleep;
To sleep: perchance to dream: ay, there's the rub[1];
For in that sleep of death what dreams may come
When we have shuffled off this mortal coil,
Must give us pause. There's the respect
That makes calamity of so long life;
For who would bear the whips and scorns of time,
The oppressor's wrong, the proud man's contumely[2],
The pangs of dispriz'd love, the law's delay,
The insolence of office, and the spurns[3]
That patient merit of the unworthy takes,
When he himself might his quietus[4] make
With a bare bodkin? Who would fardels[5] bear,
To grunt and sweat under a weary life,
But that the dread of something after death,
The undiscover'd country from whose bourn
No traveller returns, puzzles the will,
And makes us rather bear those ills we have
Than fly to others that we know not of?
Thus conscience does make cowards of us all;
And thus the native hue of resolution
Is sicklied o'er with the pale cast of thought,
And enterprises of great pitch and moment

---

1) a problem making a situation difficult
2) disrespectful behavior
3) refusal
4) death
5) burdens

With this regard their currents turn awry,
And lose the name of action.

사느냐 죽느냐, 그게 문제로군:
어느 쪽이 더 떳떳할까, 가혹한 운명의
돌팔매와 화살을 받고도 마음으로 참을 것인가,
아니면 무기를 들고 숱한 고난과 대항하여,
싸워 없앨 것인가? 죽는 것은 잠자는 것;
그것뿐이지; 잠으로 마음의 고통과 육체가 상속 받은
수만 가지 타고난 충격이 사라진다면, 그것이야말로 열렬히
바라 마지않는 생의 극치. 죽는 것은 잠자는 것;
잠들면 아마 꿈을 꾸겠지: 아, 이게 곤란하단 말야;
이 육체의 굴레를 벗어나 죽음이란 잠이 들었을 때
어떤 꿈을 꿀 것인가 이것이 우리를 망설이게 한단 말이야.
그러니까 한평생 불행을 참고 사는 거지;
그렇지만 않다면야 그 누가 참고 지낼 것인가,
이 세상의 채찍과 조소와
압제자의 횡포와 세도가의 멸시와
버림받은 사랑의 고통과 재판의 지연과
관리들의 오만과 유덕한 인사들이 소인배로부터 받는 모욕을,
단 한 자루의 단검이면 스스로 인생을 마감할 수
있는데도? 그 누가 이 지루한 인생에 얽매여
무거운 짐을 지고 낑낑대며 땀을 흘리겠는가?
단 한 가지 죽음 뒤에 남을 무슨 두려움이 아니라면;

나그네 한 번 가면 돌아올 길 없는
저 미지의 나라가 결심을 망설이게 하고
알지도 못하는 저 세상으로 날아가느니보다,
차라리 우리가 현재 겪는 고난을 참고 견디게 하는 것.
그리하여 조심성은 우리를 모두 겁쟁이로 만들고,
그리하여 결의의 애초의 저 생생한 빛깔도
사색의 창백한 빛깔로 파리한 병색으로 물들고,
충천하던 중대한 의도는
이 조심성 때문에 그 길이 빗나가고,
행동의 이름을 잃고 만다.

C. 방백

관객이 들을 수 있으나 무대 위에 다른 등장 인물에게는 들리지 않는 다는 약속(convention) 아래 어느 한 등장인물이 자기의 의도와 생각을 말하는 수법입니다. 특히 방백은 현재 무대 위에서 일어나고 있는 행동에 대해서 언급할 때 자주 사용됩니다.

D. 무대 지시문

극작가가 무대 공연에 필요한 지침을 주는 글을 말합니다. 무대 지시문은 또 장면 지시문과 연출 지시문으로 나눌 수 있습니다. 장면 지시문은 사건이 일어나는 시간적, 공간적 배경이나 소도구 등을 설명합니다. 반면에 연출 지시문은 등장인물들의 행동, 표정, 몸짓, 기분 상태, 등장과 퇴장 등에 관한 정보를 포함합니다. 다음은 미국의 극작가 Arthur Miller (1915-2005)의 대표작 *Death of a*

Salesman (1949)에 나오는 무대 지시문의 일부입니다.

a. 장면 지시문

. . .Before us is the Salesman's house. We are aware of towering, angular shapes behind it, surrounding it on all sides. . .

►연극의 주된 배경인 주인공 Willy Loman의 집을 묘사합니다.

b. 연출 지시문

WILLY I'm tired to death. (*The flute has faded away. He sits on the bed beside her, a little numb.*) I couldn't make it. I just couldn't make it, Linda.

LINDA (*very carefully, delicately*) Where were you all day? You look terrible.

► ( ) 속의 연출 지시문은 주인공 Willy와 아내 Linda의 행동과 태도를 가리키고 있습니다.

(5) ethos

등장 인물들의 성격을 말합니다. 앞에서도 말했듯이 극작가는 인물의 성격을 직접 묘사할 수 없는 한계를 지니지만 배우가 실제로 관객 앞에 등장함으로써 그 성격이 보다 구체적으로 드러날 수 있습니다.

(6) mythos

희곡의 여섯 가지 구성 요소 가운데서 가장 중요한 구실을 하는 것은 plot입니다. Aristotle은 『시학』(*Poetics*)의 8장에서 플롯은 극의 "기본 원리"(the basic principle)이며 "심장과 영혼"(the heart and soul)이라 불렀습니다.

희곡의 플롯은 크게 3부 구성과 5부 구성의 두 갈래로 나눌 수 있습니다.

A. 3부 구성

Aristotle은 『시학』에서 비극은 시작(beginning), 중간 (middle), 끝(end)의 3부로 구성된다고 하였습니다. 이 구조에 따르면 1) 주동인물이나 세력이 상반되는 반동 인물이나 세력에 부딪쳐 2) 이 두 인물이나 세력 사이에 갈등과 긴장이 일어나고 상승(rising)하여 최고의 위기 상태에 이르고, 3) 갈등이 정점(climax)에 도달한 다음 두 인물이나 세력이 어떤 형태로든지 해결을 보게 됩니다. 주로 3막으로 구성된 현대극이 바로 도입(exposition) 분규(complication) 해결(catastrophe)의 3부 구성으로 되어있습니다.

B. 5부 구성

19세기 독일의 이론가 Gustav Freytag는 『희곡의 기술』(*The Technique of the Drama*)에서 희곡의 플롯을 다음과 같이 5단계로 나누고 있습니다. 중요한 것은 다음의 구성 단계들이 자연스럽고 필연적이라는 느낌을 전달하여야 한다는 것입니다.

a. 도입 (exposition): 도입부는 등장인물에 대한 간단한 소개와 시간과 장소 그리고 분위기 등을 소개하면서 앞으로 전개될 사건을 자연스럽게 제시하는 부분입니다.

b. 전개 (rising action or complication): 도입부에서 시작한 사건이 복잡해지는 과정입니다. 주동 인물이나 세력과 이에 상반되는 반동 인물이나 세력간의 갈등이 고조되고 양자간의 투쟁과 대결이 고조되면서 극의 긴장을 더해줍니다.

c. 위기 (crisis or climax): 위기나 절정은 전개에서 조성된 갈등과 대결이 극에 달한 지점으로 극의 긴장감이 가장 높아지는 부분입니다. 대결하는 양자 가운데 하나가 붕괴되는 극의 전환점으로서 여기서부터 극은 어느 한 방향으로 진행됩니다.

d. 하강 (falling action): 위기와 절정을 지나 해결을 향해 진행되는 부분입니다. 극작가에 따라서는 반전(anticlimax)의 효과를 노려 관객의 긴장을 새로운 방향으로 전환시키는 경우도 있습니다.

e. 대단원 (catastrophe): 플롯을 끝맺는 결말 부분으로서 모든 갈등이 해소되는 마지막 단계를 말합니다.

5. 희곡의 종류

희곡의 종류에 관해서는 Shakespeare가 *Hamlet*의 2막 2장에서 Polonius의 입을 빌어 다음과 같이 열거한 바가 있습니다.

tragedy, comedy, history(사극), pastoral(목가극), pastoral-comical, historical-pastoral, tragical-historical, tragical-comical-historical-pastoral.

그렇지만 희곡은 대체적으로 비극과 희극으로 나누는 것이 상식적 분류법입니다. 그 각각의 특징에 대해서는 다음 장에 구체적으로 알아보기로 합니다.

제13장

영미 희곡의 이해와 분석 2

비극

1. 비극(tragedy)의 정의

Aristotle은 *Poetics* 제6장에서 다음과 같이 비극을 정의하고 있습니다.

> Tragedy, then, is a process of **imitating an action** which has serious implications, is complete, and possesses magnitude; by means of language which has been made sensuously attractive, with each of its varieties found separately in the parts; **enacted by the persons themselves** and not presented through narrative; through a course of **pity and fear** completing the **purification** of tragic acts which have those emotional characteristics.

간추려 보면 비극은 진지하고 위엄 있는 인간의 행위를 극중 행동을 통해 재현(모방)하며 관객에게 연민과 공포를 유발하여 감정을 정화시키는 효과를 지닌다는 것입니다.

여기서 비극의 두 가지 본질적 특징을 알아볼 필요가 있습니다. 즉 비극적 주인공이란 어떠한 사람이며 흔히 catharsis라고 일컬어지는 관객의 정서적 순화란 무엇인가라는 것입니다.

2. 비극적 주인공과 감정의 정화

비극적 주인공의 특징으로서 Aristotle은 "good but not too good" 즉 훌륭하지만 지나치게 훌륭하지는 않은 성품을 들고 있습니다. 다시 말하면 비극의 주인공은 우리가 존경할 만한 위인이지만 그를 고통이나 궁극적인 죽음으로 몰아넣는 과오나 인간적 약점을 지니고 있다는 것입니다. 이러한 약점을 Aristotle은 hamartia, 즉 비극적 결함(tragic flaw)이라고 불렀습니다.

또한 비극의 주인공은 평범한 사람이 아니라 왕이나 귀족처럼 신분이 높은 인물입니다. 14세기 영국의 시인 Geoffrey Chaucer (1340-1400)는 그의 대표작 *Canterbury Tales* 가운데 「수도승의 이야기」(Monk's Tales)에서 작품에 등장하는 수도승의 입을 빌어 비극적 주인공의 특징을 다음과 같이 제시합니다.

> Tragedies is to seyn(say) a certeyn(certain) storie,
> As olde bookes maken us memorie(memorize),

Of him that stood in great prosperitee(prosperity),
And is y-fallen(fallen) out of heigh(high) degree
Into miserie, and endeth(ends) wrecchedly(wretchedly).

고대 그리스의 극작가 Sophocles의 *Oedipus the Rex*를 예로 들어 보겠습니다. 그리스 도시 국가의 하나인 Thebes의 국왕 Laius에게 아들 Oedipus가 태어났는데 예언에 따르면 그가 아버지를 죽이고 어머니와 결혼한다는 것이었습니다. 이에 Laius는 양치기를 시켜 멀리 데려가 죽여버리라고 했으나 차마 애처로웠던 양치기는 Oedipus를 도중에 Corinth 왕의 양치기에 주어버립니다. 스무 살 가까이 된 Oedipus가 신전에 가서 앞날을 물으니 아버지 Laius가 들었던 신탁(oracle)과 동일한 내용이었고 이에 Oedipus는 일단 집을 떠나 우연히 Thebes 영내로 들어섰다가 달려오는 마차에 탄 사람들이 무례하게 굴자 도망친 마부만을 제외하고 모두 살해해 버립니다. 그런데 그 가운데 생부 Laius가 들어 있었던 것입니다. 물론 이 사실을 Oedipus는 모릅니다. 마침내 그는 Thebes의 수도로 들어와 백성들을 괴롭히던 괴물을 물리치고 그 공으로 왕위에 올라 미망인이 된 왕비 Jocasta와 결혼합니다. 예언이 그대로 적중하는 것입니다.

Oedipus가 왕위에 오른 뒤 Thebes에는 역병이 돌고 이에 예언자 Tiresias는 "아비를 죽이고 어미와 결혼한 자"가 Thebes에 있으니 그를 추방하여야만 역병이 사라질 것이라 예언합니다. 결국 오래전에 Laius의 명을 어긴 양치기를 찾게 되고 자기가 바로 "아비를 죽이고 어미와 결혼한 자"임이 밝혀지자 Jocasta는 목을 매어 자살하고 Oedipus는 그녀의 옷섶에 달린 브로치를 떼내어 스스로 눈을 찔러 장님이 된 채 광야를 방랑하게 됩니다.

Oedipus는 지체 높은 신분에서 몰락하는 비극적 주인공의 조건을 갖추었습니다. 그는 오만(hybris)하며 지나치게 자신의 힘과 지혜를 믿으며 격하기 쉬운 기질을 지녔고, 집요한 추궁으로 마침내 Tiresias가 "아버지를 죽이고 어머니와 결혼한 자"가 바로 Oedipus라고 했을 때 이를 자신을 권좌에서 몰아내려는 정치적 음모라고 의심하는 등 비극적 주인공으로서의 성격적 결함을 갖추고 있는 것입니다. 그렇지만 이 작품에서 초래되는 주인공의 몰락의 근본적 원인은 성격적 결함이라기 보다는 스스로 선택하지 않은 운명에 있는 것입니다. 그래서 이 작품을 포함하여 고대 그리스 비극을 흔히 운명 비극(tragedy of fortune)이라고 합니다.

이처럼 지체 높은 인물이 자신의 비극적 약점 때문에 몰락하는 것을 보면서 어째서 관객들은 감정의 정화를 경험하는 것일까요?

인간이 문명사회에서 살아가면서 가슴 속에 있는 감정을 다 바깥으로 표출할 수는 없습니다. 하지만 무대에서 전개되는 한 인간의 처참한 말로를 보면서 관객들은 두려움－그와 같은 일이 자기에게도 일어날 수 있다는 데서 오는 공포－을 느끼고 주인공에게 연민을 느끼게 됩니다. 이 과정에서 평소에 배출하지 못하고 앙금으로 남아있던 감정이 순화됨으로써 관객들은 다시 활력을 찾을 수 있게 되고, 해서 관객들은 극장으로 향하게 된다는 것입니다.

3. 비극의 본질로서의 갈등(conflict)

독일의 철학자 G. W. Hegel은 Sophocles의 또 다른 비극 *Antigone*를 예로 들어 비극의 본질(essence)을 갈등이라 규정하였습니다. 이 때 갈등이란 선과 악(good and evil), 옳고 그름(right and wrong) 사이의 갈등이 아니라 두 가지 선들(two goods) 사이의 갈등을 말합니다.

Antigone는 Thebes의 왕 Creon의 조카딸입니다. 그녀의 오빠 Polynices가 숙부 Creon에게 반기를 들었다가 목숨을 잃자 Creon은 그의 시체를 묻어주지 말라는 명령을 내립니다. 반역자를 매장하지 않는 것이 국법이었기 때문입니다. 여기서부터 Antigone의 갈등이 시작됩니다. 혈연적, 종교적 관점에서 보면 그녀는 오빠의 주검을 묻어 주는 것이 도리입니다. 반면에 국가적, 법적인 차원에서 보면 오빠를 묻어주는 것은 분명한 위법 행위인 것입니다. 고민 끝에 그녀는 혈연적 의무를 다하기로 결심하였고 국법을 어긴 그녀에게 Creon은 사형을 언도합니다. 왕도 고민스럽기는 마찬가지 였습니다. 아끼는 조카딸, 그것도 자기 아들 Haemon이 사랑한 나머지 결혼을 약속한 Antigone를 처벌하는 것은 인륜을 저버리는 행위이지만 그렇다고 국가의 기강을 문란케 한 죄를 그냥 둘 수는 없습니다. 결국 예언자 Tiresias의 설득으로 왕은 결심을 바꾸지만 이미 Antigone는 스스로 목숨을 끊었던 것입니다.

여기서 Antigone와 Creon의 갈등의 성격이 드러납니다. Antogone의 선택은 선과 악 사이의 선택이 아닙니다. 그것은 혈연적 의무와 법적 의무 사이의, 즉 두 가지 선 사이의 갈등이기 때문입니다. Creon도 마찬가지입니다. 이처럼 Hegel은 비극의 본질은 갈등, 즉 두 가지 선 사이의 갈등이라 본 것입니다.

4. 비극의 발전

지금까지 고대 그리스 비극을 예로 들어 비극의 특성을 알아보았습니다. 이어서 그리스 비극과 로마의 극작가 Seneca의 비극의 특징을 간단히 정리한 다음, Shakespeare의 비극의 특성을 그의 4대 비극 작품을 중심으로 살펴보고 끝으로 현대비극의 성격을 Arthur Miller의 *Death of a Salesman*을 예로 들어 공부하겠습니다.

(1) 그리스 비극의 특성

1) stories already well known to the audience
2) a strong religious element: the world controlled by moral law (themis), the man breaking the law punished by divine justice (dike) and fate (nemesis)
3) a dislike of horror and violence on the stage: the use of messengers
4) few actors: two to six actors and a chorus (of up to 50)
5) characters above the level of ordinary men
6) no mixing of tragedy and comedy: the unity of action (only one story)

(2) 로마의 극작가 Seneca의 비극

1) stories of revenges
2) showing bloody and horrible deeds on the stage
3) using ghosts

(3) Shakespearean tragedy

먼저 영국이 낳은 대문호 William Shakespeare(1564-1616)의 4대 비극 작품을 간략하게 요약해 봅니다.

Hamlet(1600-1602)은 Denmark의 왕자 Hamlet이 아버지의 망령으로부터 삼촌 Claudius가 자기를 살해했다는 것을 듣고 父王 살해의 복수를 꾀하는 내용으로 구성됩니다. 그러나 이 극의 초점은 부왕을 살해한 Claudius에 대한 주인공 Hamlet의 복수 행위 보다는 그 복수를 지연해 나가는 그의 성격적 복잡성에 맞추어져 있습니다.

Othello(1604)는 Moor인 출신의 주인공 Othello와 아름다운 백인 아내 Desdemona 그리고 이 두 사람의 결혼 생활을 파탄으로 몰고 가는 Iago를 중심으로 전개되는 일종의 가정 비극(domestic tragedy)이라 할 수 있습니다. 질투심 많은 Othello은 Iago의 간계에 빠져 정숙한 아내 Desdemona를 의심하고 결국 그녀를 질식시켜 살해합니다. 뒤늦게 진실을 알게 된 Othello는 자신의 과오를 징벌하기 위해 장렬하게 자결하고 맙니다. 흔히 Iago의 계략을 동기 없는 악의(motiveless malignity)로 해석하는 이들도 있지만 백인사회에

서 유색인종에 대한 적대감에서 비롯되었다고 이해하는 것이 요즈음의 비평적 추세입니다.

King Lear(1605-6)는 Lear왕이 두 딸 Goneril, Regan의 위선적 감언이설을 믿고 왕국을 분할하여 준 뒤에 진정으로 자기를 사랑하는 막내 딸 Cordelia를 추방하지만 결국 믿었던 두 딸에게 버림받고 폭풍우를 헤매다가, 버림받았던 Cordelia에게 구원 받는다는 내용을 담고 있습니다. 이 작품은 한 늙은 왕이 잘못된 판단으로 극단의 고통을 겪은 뒤 세상에 대한 통찰과 지혜를 얻는 과정을 보여줍니다.

Macbeth(1606)는 Scotland의 장군 Macbeth가 전쟁에 이기고 개선하는 길에 왕이 될 것이라는 세 마녀의 예언을 믿고, 또 아내의 부추김으로 야심에 불타 Duncan 왕과 그의 부하들을 살해하고 왕위를 찬탈하지만 결국 죄의식에 휩싸여 고뇌하다가 죽은 왕을 따르던 장군 Macduff 등에게 복수를 당한다는 내용으로 이루어져 있습니다. 이 작품은 인간의 내면에 잠재된 악에 의해 도덕적 질서가 파괴될 때 어떠한 비극적 결과가 초래되는지를 보여줍니다.

이상을 종합할 때 Shakespeare의 비극은 다음과 같은 공통적 특징을 갖추고 있습니다.

1) focusing on one character (two in romantic tragedy)
2) a noble and exceptional protagonist falling from high degree into misery
3) a protagonist's sufferings bringing, beyond him/her, society, nation, nature into disaster

4) the plot developing based on protagonist's character (tragedy of character)
5) the tragic conflict between passion and reason (passion over reason)
6) the recovery of order in the end

(4) 현대 비극

귀족 계급과 영웅이 부재하는 현대의 비극은 중산층 또는 노동계층에 속하는 주인공들을 중심으로 그들의 인간적 약점이나 사회 상황에서 초래되는 비극적 결과를 다룹니다. 미국 극작가 Arthur Miller(1915- 2005)의 대표작 *Death of a Salesman* (1949)의 주인공 Willy Loman－고전 비극의 주인공과 달리 신분이 높지 않은 low man－은 현대 미국 사회의 구조 속에서 파멸하는 현대의 전형적 비극적 주인공입니다. 이 작품은 두 개의 막(two acts)과 Willy의 장례식 장면(requiem)으로 구성되어 있습니다.

주인공 Willy Loman은 작고 허물어져 가는 낡은 집에서 근근이 살아가는 60세의 영업사원입니다. 그 집에는 아내 Linda, 34살의 큰아들 Biff, 32살의 둘째 아들 Happy가 살고 있습니다. 큰아들 Biff는 고등학교 시절에는 잘 나가던 미식축구 선수였으나 지금은 별볼일 없는 존재로 전락한 인물입니다. 하지만 아버지 Willy는 아직도 과거에 파묻혀 Biff에게 한 가닥 희망을 품고 있습니다. 자신의 초라한 삶에 대한 일종의 보상심리 때문인 것입니다. 그러나 이러한 아버지의 근거 없는 기대가 아들 Biff에게는 대단한 심리적 압

박으로 작용합니다.

끝내 Willy는 34년간 일해왔던 직장에서 해고당하고 맙니다. 또한 한때 재능 있는 축구선수였던 Biff가 중도에 축구와 대학 진학을 포기한 이유가 밝혀집니다. Biff가 낙제한 수학 과목에 대해 상의를 하러 아버지를 찾아왔을 때 Willy는 떠돌이 영업사원의 적적함을 달래기 위해 거리의 여자와 함께 있어 있었고 이에 Biff는 아버지의 비도덕적이고 위선적 행위에 심한 배신감을 느낀 나머지 결국 아버지와의 대화를 단절해 버립니다. 또한 아버지가 자기에게 거는 기대에 부응하기를 포기함으로써 아버지의 위선에 일종의 복수를 결행하는 것입니다. 결국 모든 희망을 상실한 Willy는 보험금을 노리고 질주하는 차로 뛰어들고 맙니다.

그의 비극적 결말에는 여러 가지 원인들이 있습니다.

첫째, 그는 "Eat the orange and throw the peel away" 즉 알맹이만 빼먹고 쓸모 없으면 팽개치는 비정한 미국 자본주의 체제의 희생자입니다. 현 사장 Howard의 아버지가 회사를 경영할 때부터 34년간 봉직했던 회사로부터 그는 하루 아침에 해고되고 맙니다. 더 이상 영업사원으로서 쓸모가 없다는 판단 때문이었습니다. Willy의 장례식에서 그의 친구 Charley가 "for a salesman, there is no rock bottom to the life"라고 말하듯이 salesman은 삶을 받혀 줄 단단한 기반이 없는 존재인 것입니다.

둘째, Willy는 본래 영업사원이 갖추어야 할 자질, 즉 소비자로부터 인기 있고－Wiily가 반복하는 "well-liked"라는 표현처럼－늘 쾌활한 성격의 소유자가 아닙니다. 오히려 그는 마당에 꽃과 채소를 가꾸거나 목수 일에 관심과 재능이 있는 사람입니다. 즉 농본주의적(agrarian) 이념과 가치에 더욱 적합한 위인인 것입니다. 그러나 Willy는 적성에 맞지 않는 직업에서 성공하겠다는 헛된 일념으로 결국 스스로를 소모시키고 맙니다. 따라서 그의 비극은 자기 정체성을 인식하지 못함(his failure of self-identity awareness)으로써 스스로 초래한 것으로 볼 수 있습니다. 자기 인식의 부재는 아들 Biff에 대한 근거 없는 기대와도 맞물려 있습니다. 자신의 실패를 아들로부터 보상 받으려 하나 Biff 역시 Willy의 기대에 부응할 수 없는 위인이었던 것입니다. 한가지 차이점은 Biff는 자신의 한계를 잘 알고 있다는 것입니다. 다음은 2막의 거의 끝부분에서 Biff가 아버지 Willy에게 퍼붓는 대사입니다.

> BIFF **I am not a leader of men, Willy, and neither are you.** You were never anything but a hard-working drummer who landed in the ash can like all the rest of them. I'm one dollar an hour! Willy! I tried seven states and couldn't raise it. A buck an hour! Do you gather my meaning? I am not bringing home any prizes any more, and you're going to stop waiting for me to bring them home! . . .Pop, **I'm nothing! I'm nothing**, Pop. Can't you understand that?. . .I'm just what I am, that's all. . .Will you let me go, for Christ's sake? Will you take **that phony dream** and burn it before something happens?

여기에서도 알 수 있듯이 Willy는 "phony dream"에 빠져 일생을 소모했고 또 자신의 좌절을 아들에게서 보상 받으려 했던 것입니다.

셋째, Willy는 이른바 “미국의 성공 신화”(American Success Myth)의 희생자입니다. 그는 자기 형 Ben이 아프리카에서 금강석를 캐내 벼락 부자가 된 것에 자극 받아 자기도 언젠가는 그야말로 한 건 할 수 있다는 헛된 욕망에 사로잡혔던 것입니다. 성공을 부와 사회적 지위로 평가하는 미국 사회의 가치 체계가 그의 파멸을 이끌었다고 볼 수 있습니다.

이처럼 *Death of a Salesman*이 보여주듯이 현대의 비극은 보통 사람이 자신의 인간적 약점이나 그를 둘러싼 사회적 모순에 의해 파멸되어 가는 과정을 제시합니다.

끝으로 2막에서 Willy가 회사 사장 Howard를 찾아가 수모를 당하는 장면을 읽어보겠습니다. Willy는 사장 Howard를 찾아가 더 이상 물건을 팔러 떠돌아다니는 salesman 노릇은 못하겠다고 말하면서, 적은 보수라도 좋으니 내근을 하게 해달라고 부탁합니다만, 사장은 34년간 회사를 위해 일해 온 Willy가 더 이상 쓸모없는 존재라는 확신을 굳히게 됩니다. 결국 Howard는 Willy를 해고하고 맙니다.

HOWARD Say, aren't you supposed to be in Boston?
WILLY That's what I want to talk to you about, Howard. You got a minute?
[*He draws a chair in from the wing.*]
HOWARD What happened? What're you doing here?
WILLY Well. . .
HOWARD You didn't crack up again, did you?

WILLY Oh, no. No. . .

HOWARD Geez, you had me worried there for a minute. What's the trouble?

WILLY Well, tell you the truth, Howard. I've come to the decision that I'd rather not travel any more.

HOWARD Not travel! Well, what'll you do?

WILLY Remember, Christmas time, when you had the party here? You said you'd try to think of some spot for me here in town.

HOWARD With us?

WILLY Well, sure.

HOWARD Oh, yeah, yeah. I remember. Well, I couldn't think of anything for you, Willy.

WILLY I tell ya, Howard. The kids are all grown up, y'know. I don't need much anymore. If I could take home-well, sixty-five dollars a week, I could swing it.

HOWARD Yeah, but Willy, see I—

WILLY I tell ya why, Howard. Speaking frankly and between the two of us, y'know—I'm just a little tired.

HOWARD Oh, I could understand that, Willy. But you're a road man, Willy, and we do a road business. We've only got a half-dozen salesmen on the floor here.

WILLY God knows, Howard, I never asked a favor of any man. But I was with the firm when your father used to carry you in here in his arms.

HOWARD I know that, Willy, but—

WILLY Your father came to me the day you were born and asked me what I thought of the name of Howard, may he rest in peace.

HOWARD I appreciate that, Willy, but there just is no spot here for you. If I had a spot I'd slam you right in, but I just don't have a single solitary spot.

[*He looks for his lighter.* WILLY *has picked it up and gives it to him. Pause.*]

WILLY [*with increasing anger*] Howard, all I need to set my table is fifty dollars a week.

HOWARD But where am I going to put you, kid?

WILLY Look, it isn't a question of whether I can sell merchandise, is it?

HOWARD No, but it's a business, kid, and everybody's gotta pull his own weight.

WILLY [*desperately*]Just let me tell you a story, Howard-

HOWARD 'Cause you gotta admit, business is business.

WILLY [*angrily*] Business is definitely business, but just listen for a minute. You don't understand this. When I was a boy－eighteen, nineteen－I was already on the road. And there was a question in my mind as to whether selling had a future for me. Because in those days I had a yearning to go to Alaska. See, there were three gold strikes in one month in Alaska, and I felt like going out. Just for the ride, you might say.

HOWARD [*barely interested*] Don't say.

WILLY Oh, yeah, my father lived many years in Alaska. He was an adventurous man. We've got quite a little streak of self-reliance in our family. I thought I'd go out with my older brother and try to locate him, and maybe settle in the North with the old man. And I was almost decided to go, when I met a salesman in the Parker House. his name was Dave Singleman. And he was eighty-four years old, and he'd drummed merchandise in thirty-one states. And old Dave, he'd go up to his room, y'understand, put on his green velvet slippers—I'll never forget—and pick up his phone and call the buyers, and without ever leaving his room, at the age of eighty-four, he made a living. And when I saw that, I realized that selling was the greatest career a man could want. 'Cause what could be more satisfying than to be able to go, at the age of eighty-four, into twenty or thirty different cities, and pick up his phone and be remembered and loved and helped by so many different people? Do you know? when he died—and by the way he died the death of a salesman, in his green velvet slippers in the smoker of the New York, New Haven and Hartford, going into Boston—when he died, hundreds of sales-men and buyers were at his funeral. Things were sad on a lotta trains for months after that. [*He stands up.* HOWARD *has not looked at him.*] In those days there was personality in it, Howard. There was respect, and comrade-ship, and gratitude in it. Today, it's all cut and dried, and there's no chance for bringing friendship to bear—or personality. You see what I mean? They don't know me any more.

HOWARD [*moving away, toward the right*] That's just the thing, Willy.

WILLY If I had forty dollars a week—all I'd need. Forty dollars, Howard.

HOWARD Kid, I can't take blood from a stone, I—

WILLY [*desperation is on him now*] Howard, the year Al Smith was nominated, your father came to me and—

HOWARD [*starting to go off*] I've got to see some people, kid.

WILLY [*stopping him*] I'm talking about your father! There were promises made across this desk! You mustn't tell me you've got people to see—I put thirty-four years into this firm, Howard, and now I can't pay my insurance! You can't eat the orange and throw the peel away—a man is not a piece of fruit!

제14장

영미희곡의 이해와 분석 3

희극과 부조리극

1. 희극(comedy)이란 무엇인가

(1) 희극의 정의

Aristotle은 *Poetics*의 제5장에서 희극을 다음과 같이 정의하고 있습니다.

> Comedy is . . . an imitation of persons who are inferior; not, however, governing all the way to full villainy, but imitating the ugly, of which the ludicrous is one part. The ludicrous, that is, is a failing or a piece of ugliness which causes no pain or destruction; thus, to go no farther, the comic mask is something ugly and distorted but painless.

비극의 주인공이 신분이 높고 고상한 인물인데 비해 희극의 주인공은 신분이 낮은, 열등한 인물이어야 합니다. 주인공이 도덕적으로나 인격적으로 평균 이하의 인물일 때 보는 이로부터 웃음을 자아낼 수 있기 때문입니다.

(2) 희극의 본질

comedy의 희랍어 어원을 살펴보면 희극의 본질이 무엇인지를 알 수 있을 것 같습니다. comedy의 어원적 의미를 설명하는 방법은 다음과 같습니다.

1) comos (revel, feast) + oide (song) : feast, pleasure, enjoyment
2) come (country) + oide : openness, freedom from order and restrictions
3) coma (sleep) + oide : dream, freedom from oppressed reality

oide가 노래를 의미하는 것은 공통적이지만 어두(語頭)는 각각 잔치, 시골, 잠이라는 이질적인 뜻을 담고 있습니다. 그렇지만 가만히 생각해보면 각각이 모두 희극의 본질을 잘 보여주고 있다고 하겠습니다. 우선 희극은 노래와 춤을 통해 잔치와 같이 유쾌한 축제의 분위기를 보여줍니다. 또한 "come"가 시골의 의미를 담는 말이라 한다면 이때 희극은 도시의 질서 정연함과 여러 가지 제약에서 벗어나 그야말로 탁 트인 공간에서 한바탕 벌어지는 놀이가 되는 것입니다. 한편으로 "coma"는 잠이라는 뜻을 갖습니다. 잠이란 꿈을 수반하며 꿈은 억눌려진 현실로부터 자유로운 공간을 가리킵니다. 그렇다면 희극은 현실의 제약에서 벗어난 놀이라는 의미도 지니게 됩니다. 이상을 종합해보면 희극의 본질은 첫째 축제성, 둘째 개방성, 셋째 탈(脫)현실성이라고 하겠습니다.

(3) 희극의 발전

비극과 마찬가지로 희극은 고대 그리스에서 출발합니다. 대표적인 희극 작가로는 Aristophanes(448-380 B.C.)와 Menander(342-292 B.C.)를 들 수 있습니다. 이어서 로마 시대에 활약한 Plautus (253-184 B.C.)와 Terence(190-159 B.C.)의 희극은 훗날 영국의 희극에 중요한 영향을 끼칩니다. 그 영향을 간추려보면 다음과 같습니다.

1) 연극의 구성에 있어 5막극의 도입
2) 용모로는 구별하기 어려운 쌍둥이가 등장하여 일어나는 혼란(mistaken identity)
3) 극의 최후가 연회(宴會)로의 초대로 끝나는 구성
4) 허풍쟁이 군인(braggart soldier), 기지에 넘치는 하인, 주색에 빠진 방탕한 아들 등과 같은 상투적 인물(stock character)의 유형화
5) 재치 있는 대화(witty dialogue)의 구사

이와 같은 고전 희극의 영향을 통해 영국에서 처음으로 등장한 희극 작품은 Nicholas Udall의 *Ralph Roister Doister* (1554)입니다.

(4) 희극의 종류

1) 낭만적 희극 (romantic comedy)

A. Developed by Shakespeare and some of his Elizabethan contemporaries;

B. Concerned with a love affair that involves a beautiful and idealized heroine (sometimes disguised as a man);

C. The course of this love does not run smooth, but overcomes all difficulties to end in a happy union.

D. *As You Like It, The Twelfth Night, Much Ado About Nothing, A Midsummer Night Dream*

캐나다 출신의 문학 비평가 Northrop Frye는 역작 『비평의 해부』(*Anatomy of Criticism*)에서 낭만적 희극이 갈등과 분란으로 점철된 현실 세계에서 숲이라는 "녹색의 세계" (the green world) – the Forest of Arden in *As You Like It* or the fairy-haunted wood of *A Midsummer Night's Dream* – 로 그 무대를 옮기면서 현실세계의 복잡한 문제들이 마술처럼 해결되고 진정한 사랑이 결실을 맺는다는 사실을 지적한 바 있습니다. 이를 두고 Frye 교수는 희극의 구성이 황량한 겨울이 지나 봄이 다시 찾아오는 것을 축하하는 원시 시대의 의식(rituals)을 반영한다고 보았습니다.

2) 풍자 희극 (satirical comedy)

사회 정책이나 철학적 교리 등을 조롱하거나, 사회의 도덕적 규

범을 어긴 사람들을 조롱거리로 삼아 사회의 무질서를 공격하는 희극을 말합니다.

3) 풍속 희극 (the comedy of manners)

고대 그리스의 희극 작가 Menander가 그 효시이며 로마 시대의 Plautus와 Terence가 발전시킨 희극의 유형으로서 상류층의 풍속도를 소재로 하여 정도를 벗어난 인간의 행동과 결점을 풍자하는 내용을 담고 있습니다. 영국의 경우 17세기 후반 왕정복고 시대(Restoration)에 본격적으로 출현하여 크게 발전한 풍속 희극은 상류 사회 출신의 남녀가 연출하는 애정 관계를 주로 다루며 재치 있는 대사나 말장난 등으로 웃음을 불러 일으키는 특징을 갖추고 있습니다. William Congreve(1670-1729)의 *The Way of the World* (1700)가 그 대표작이라 할 수 있습니다.

4) 기질 희극 (the comedy of humours)

17세기의 영국 극작가 Ben Jonson(1572-1637)은 *Every Man out of Humour*에서 다음과 같이 "humour"를 정의합니다.

> As when some one particular quality
> Doth so possess a man that it doth draw
> All his affects[1], his spirits, and his powers,
> In their confluxions[2], all to run one way,

---

1) emotions or dispositions
2) confluence

This may be truly said to be a humour.

원래 "humour"란 사람의 몸에 들어 있는 4개의 체액들－다혈질(sanguine), 우울질(melancholy), 점액질(phlegmatic), 담즙질(choleric)－을 가리키는 말로써 그 가운데 어느 하나가 지배적으로 커지면 균형이 깨지면서 그 사람 특유의 기질이 드러나게 된다는 것입니다. 기질 희극이란 바로 이렇게 균형이 깨졌을 때 생기는 비정상적인 인물의 어리석은 행동을 풍자하는 것입니다. 예를 들어 *Every Man in His Humour*에서 돈 많은 상인 Kitely는 질투심이라는 기질이 돋보이는 인물이며, 주인공의 아버지 Knowell은 늘 아들을 걱정하는 근심(anxiety)의 화신입니다.

그 외에도 희곡의 종류에는 등장 인물들의 과장된 연기로 관객에게 단순한 웃음과 재미를 선사하는 소극(farce), 고도의 말장난 등으로 지적인 웃음(intellectual laughter)을 제공하는 high comedy, 반대로 주로 넘어지고 자빠지는 연기(slapstick)로 웃음을 자아내는 low comedy 등이 있습니다.

2. 부조리극 (absurd drama)

인간은 이성의 힘으로 이해할 수 있는 세계에서 살아가는 합리적인 존재로서 질서 있는 사회구조 속의 일원이라는 것이 서구사회를 떠받쳐온 전통적인 인간관이었지만 양차대전을 겪으면서 이러한 신념은 흔들리기 시작합니다. 특히 프랑스의 실존주의 철학자 Jean-

Paul Sartre(1905-1980)와 Albert Camus(1913-1960)는 인간을 낯선 우주, 아무런 진리와 가치 체계와 의미를 담고 있지 않은 세계에 내던져진 소외된 존재로 보고, 인간의 삶을 처음부터 그랬듯이 무(nothingness)의 상태에서 와서 결국 무의 상태로 되돌아가는 과정이라 보았습니다. 특히 Camus는 『시지푸스의 신화』(*The Myth of Sisyphus*)에서 인간이 처한 상황을 다음과 같이 설명하고 있습니다.

> In a universe that is suddenly deprived of illusions and of light, man feels a stranger. He is an irremediable exile. . . .This divorce between man and his life, the actor and his setting, truly constitutes the feeling of Absurdity.

> 환상과 빛을 갑자기 빼앗겨버린 우주에서 인간은 낯선 존재임을 느낀다. 그는 치유 받을 수 없는 망명객이다…인간과 그의 삶, 배우와 무대 사이의 이 같은 분리가 진실로 부조리의 느낌을 구성하는 것이다,

이러한 철학적 관점을 바탕으로 1950년 이후 파리를 중심으로 발전한 부조리극은 인간의 숙명적 소외와 고독, 삶의 무의미성, 언어의 무의미함과 인간 사이의 의사소통의 부재 등을 다루고 있습니다. 제12장에서 잠시 언급했던 Samuel Becket(1906-1989)의 *Waiting for Godot*(1953)는 부조리극의 대표작 가운데 하나로서 황량한 곳을 배경으로 정체가 밝혀지지 않으며 실제로 존재하는지도 모르는 Godot라는 인물을 한없이 기다리는 과정에서 연출되는 등장인물 네 사람의 우스꽝스러운, 그야말로 부조리한 모습을 보여줍니다.

“Nothing happens, nobody comes, nobody goes, it’s awful”이라는 대사처럼 아무런 일이 일어나지 않는, 의미와 목적이 없이 지루하게 이어지는 “끔찍한” 인간의 삶을 드러내고 있는 것입니다.

끝으로 미국의 부조리극 작가 가운데 한 사람인 Edward Albee (1928-)의 대표작 *The Zoo Story*(1959)를 살펴보면서 희곡에 대한 공부를 종합하도록 하겠습니다.

이 극은 여름철 일요일 오후, 미국 New York의 Central Park내 어느 한적한 장소의 벤치를 무대로 전개됩니다. 두 사람의 등장 인물 가운데 하나인 Peter는 40대 초반의 남자로서 교과서를 주로 출판하는 조그만 출판사의 간부 사원입니다. 그의 즐거움 가운데 하나는 날씨가 좋을 때 공원에 나와 오늘처럼 책을 읽는 일인데 이때 난데없이 Jerry라는 사람이 나타나 그의 평화를 깨뜨리기 시작합니다. 그는 30대 후반의 남자로서 남루한 옷 차림새로 Peter에게 다가와 자기가 “동물원에 갔다 왔다”(I've been to the zoo)고 말을 붙이면서 그곳에서 매우 중요한 일이 벌어졌음을 내비치며 대화를 유도합니다.

그 대화의 과정에서, 사실은 Jerry의 추궁 때문에 Peter는 자신의 직업과 가족 사항 등을 Jerry에게 알려줍니다. 또한 Jerry의 정체도 조금씩 드러납니다. 빈민가라고 할 수 있는 New York의 West Side의 싸구려 아파트에서, 알코올중독자에 무책임한 부모가 죽고 난 뒤 아무런 가족간의 유대 없이 혼자 살아간다는 것, 자기를 귀찮게 구는 아파트 주인 여자의 개에게 독을 넣은 햄버거를 먹였더니 죽다가 살아난 개가 자기를 외면한다는 등 다소 횡설수설 하면서 이야기를 이어갑니다. 그러다가 갑자기 Jerry는 태도를 바꾸어 Peter

를 벤치 끄트머리로 밀어내는 심술을 부리고 이에 화가 난 Peter에게 벤치를 지키려면 자기와 싸움을 벌이라고 자극합니다. 그러면서 Jerry는 품에서 칼을 꺼내 Peter의 발끝에 던진 뒤 그를 모욕하고 심지어 침을 뱉고 뺨을 때리면서 마침내 칼을 집어 든 Peter에게 스스로를 내던져 칼에 찔리고 결국 숨을 거두고 맙니다.

다음의 인용문은 극의 끝부분으로 벤치에서 밀려나 화가 난 Peter에게 Jerry가 자기와 싸울 것을 재촉하는 장면부터 마지막까지의 내용입니다.

PETER: [*quivering*] I've come here for years; I have hours of great pleasure, great satisfaction, right here. And that's important to a man. I'm a responsible person, and I'm a GROWN- UP. This is my bench, and you have no right to take it away from me.

JERRY: Fight for it, then. Defend yourself; defend your bench.

PETER: You've *pushed* me to it. Get up and fight.

JERRY: Like a man?

PETER: [*still angry*] Yes, like a man, if you insist on mocking me even further.

JERRY: I'll have to give you credit for one thing: you are a vegetable, and a slightly near-sighted one, I think ...

PETER: THAT'S ENOUGH....

JERRY: ... but, you know, as they say on TV all the time-you know－and I mean this, Peter, you have a certain dignity; it surprises me....

PETER: STOP!

JERRY: [*rises lazily*] Very well, Peter, we'll battle for the bench, but we're not evenly matched. [*He takes out and clicks open an ugly-looking knife.*]

PETER: [*suddenly awakening to the reality of the situation*] You are mad! You're stark raving mad! YOU'RE GOING TO KILL ME!

[*But before PETER has time to think what to do, JERRY tosses the knife at PETER's feet.*]

JERRY: There you go. Pick it up. You have the knife and we'll be more evenly matched.

PETER: [*horrified*] No!

[*JERRY rushes over to PETER, grabs him by the collar; PETER rises; their faces almost touch.*]

JERRY: Now you pick up that knife and you fight with me. You fight for your self-respect; you fight for that goddamned bench.

PETER: [*struggling*] No! Let ... let go of me! He... Help!

JERRY: [*slaps PETER on each 'fight'*] You fight, you miserable bastard; fight for that bench; fight for your parakeets; fight for your cats; fight for your two daughters; fight for your wife; fight for your manhood, you pathetic little vegetable. [*Spits in PETER's face*] You couldn't even get your wife with a male child.

PETER: [*breaks away, enraged*] It's a matter of genetics, not manhood, you ... you monster. [*He darts down, picks up the knife and backs of a little; he is breathing heavily.*] I'll give you one last chance; get out of here and leave me alone! [*He holds the knife with a firm arm, but far in front of him, not to attack, but to defend.*]

JERRY: [*sighs heavily*] So be it !

[*With a rush he charges PETER and impales himself on the knife. Tableau: For just a moment, complete silence, JERRY impaled on the knife at the end of PETER's still firm arm. Then PETER screams, pulls away, leaving the knife in JERRY. JERRY is motionless, on point. Then he, too, screams, and it must be the sound of an infuriated and fatally wounded animal. With the knife in him, he stumbles back to the bench that PETER had vacated. He crumbles there, sitting, facing Peter, his eyes wide in agony, his mouth open.*]

PETER: [*whispering*] Oh my God, oh my God, oh my God ... [*PETER repeats these words many times, very rapidly. JERRY is dying; but now his expression seems to change. His features relax, and while his voice varies, sometimes wrenched with pain, for the most part he seems removed from his dying. He smiles.*]

JERRY: Thank you, Peter. I mean that, now; thank you very much. [*PETER's mouth drops open. He cannot move; he is transfixed.*] Oh, Peter, I was so afraid I'd drive you away. [*He laughs as best he can.*] You don't know how afraid I was you'd go away and leave me. And now I'll tell you what happened at the zoo. I think ... I think this is what happened at the zoo ... I think. I think that while I was at the zoo I decided that I would walk north ... northerly, rather ... until I found you ... or somebody ... and I decided that I would talk to you ... I would tell you things ... and things that I would tell you would ... Well, here we are. You see? Here we are. But ... I don't know ... could I have planned all this? No ... no, I couldn't have. But I think I did. And now I've told you what you wanted to know, haven't I? And now you know all about what happened at the zoo. And now you know what you'll see in your TV, and the face I told you about ... you remember ... the face I told you about ... my face, the face you see right now. Peter ... Peter? ... Peter ... thank you. I came unto you [*He laughs, so faintly.*] and you have comforted me. Dear Peter.

PETER: [*almost fainting*] Oh my God!

JERRY: You'd better go now. Somebody might come by, and you don't want to be here when anyone comes.

PETER: [*does not move, but begins to weep*] Oh my God, oh my God.

JERRY: [*most faintly, now; he is very near death*] You won't be coming back here any more, Peter; you've been dispossessed. You've lost your bench, but you've defended your honor. And Peter, I'll tell you something now; you're not really a vegetable; it's all right, you're an animal. You're an animal, too. But you'd better hurry now, Peter. Hurry, you'd better go ... see? [*JERRY takes a handkerchief and with great effort and pain wipes the knife handle clean of fingerprints.*] Hurry away, Peter. [*PETER begins to stagger away.*] Wait ... wait, Peter. Take your book ... book. Right here ... beside me ... on your bench ... my bench, rather. Come ... take your book. [P*ETER starts for the book, but retreats.*] Hurry ... Peter. [*PETER rushes to the bench, grabs the book, retreats.*] Very good, Peter ... very good. Now ... hurry away. [*PETER hesitates for a moment, then flees, stage-left.*] Hurry away ... [*His eyes are closed now.*] Hurry away, your parakeets are making the dinner ... the cats ... are setting the table ...

PETER: [*off stage, a pitiful howl*] OH MY GOD!

JERRY: [*his eyes still closed, he shakes his head and speak; a combination of scornful mimicry and supplication*] Oh ... my ... God. [*He is dead.*]

CURTAIN

다소 기이한 내용을 담고 있는 이 극에서 Peter와 Jerry의 우연한 만남과 Jerry의 죽음－결국 자살 행위－은 여러 가지 차원에서 해석될 수 있을 것이지만 이 극이 부조리한 인간 상황을 다루고 있다는 전제로 그 의미를 다음과 같이 풀어볼 수 있습니다.

이 극은 다른 사회 계층에 속한 인간들의 마주침과 그로 인해 발생하는 교류와 의사 소통의 불가능성을 보여준다고 할 수 있습니다. Peter는 비교적 사회적으로 성공하고 안정된 가정을 지닌 미국의 중산층을 대표하는 인물이며, 반면에 Jerry는 어느 한 가지 안정되지 않은 혼란스러운 삶을 살아가는 하류층의 소외된 인물입니다.

과거 부모로부터 사랑 받지 못했고 다른 어느 누구하고도 참된 만남을 가져본 적이 없는 Jerry는 참다운 인간적 만남을 갈망하면서 Peter에게 접근하지만 중산층의 안정감에 자신을 맡겨버린 Peter는 오히려 자기에 습관적 삶이 다른 사람과의 접촉을 통해 깨져버릴 것을 두려워한 나머지 진정한 교류의 물꼬를 트지 않습니다. 그런 의미에서 스스로의 껍질 속에 갇혀버린 Peter 역시 Jerry와 마찬가지로 소외된 존재인 것입니다. 친절한 접근으로도, 또한 잔인성을 통한 접근으로도 Peter와의 교류가 불가능하다는 것을 깨달은 Jerry는 결국 자기희생을 통해서 마지막 의사소통을 시도합니다. 즉 마지막에 Jerry가 보여주는 행위는 자기희생을 통해서라도 타인과의 의사소통을 이루어야 한다는 절박하고 적극적인 인간성 회복의 의지를 상징한다고 볼 수 있습니다. 많은 비평가들이 Jerry에게서 Christ의 이미지를 찾아내는 것은 바로 이 때문입니다. 마지막에 Peter와 Jerry가 내뱉는 "Oh my God"은 이러한 해석을 뒷받침하는 것으로 볼 수 있습니다.

이어서 다음 장에는 러시아의 극작가 안톤 체호프의 짧은 단막극 한편을 수록하였습니다. 흥미로운 내용의 작품이니 즐겁게 감상해 보기 바랍니다.

더 읽어둘 희곡작품

The Proposal

a play in one-act by Anton Chekhov(1860-1904)

CHARACTERS

STEPAN STEPANOVITCH CHUBUKOV, a landowner
NATALYA STEPANOVNA, his daughter, twenty-five years old
IVAN VASSILEVITCH LOMOV, a neighbour of Chubukov, a large and hearty, but very suspicious landowner

SETTING

CHUBUKOV's country-house

[*A drawing-room in CHUBUKOV'S house.*]

[*LOMOV enters, wearing a dress-jacket and white gloves. CHUBUKOV rises to meet him.*]

CHUBUKOV: My dear fellow, whom do I see! Ivan Vassilevitch! I am extremely glad! [*Squeezes his hand*] Now this is a surprise, my darling ... How are you?

LOMOV: Thank you. And how may you be getting on?

CHUBUKOV: We just get along somehow, my angel, to your prayers, and so on. Sit down, please do. ... Now, you know, you shouldn't forget all about your neighbours, my darling. My dear fellow, why are you so formal in your get-up? Evening dress, gloves, and so on. Can you be going anywhere, my treasure?

LOMOV: No, I've come only to see you, honoured Stepan Stepanovitch.

CHUBUKOV: Then why are you in evening dress, my precious? As if you're paying a New Year's Eve visit!

LOMOV: Well, you see, it's like this. [*Takes his arm*] I've come to you, honoured Stepan Stepanovitch, to trouble you with a request. Not once or twice have I already had the privilege of applying to you for help, and you have always, so to speak ... I must ask your pardon, I am getting excited. I shall drink some water, honoured Stepan Stepanovitch. [*Drinks.*]

CHUBUKOV: [*Aside*] He's come to borrow money! Shan't give him any! [*Aloud*] What is it, my beauty?

LOMOV: You see, Honour Stepanitch ... I beg pardon, Stepan Honouritch ... I mean, I'm awfully excited, as you will please notice. ... In short, you alone can help me, though I don't deserve it, of course ... and haven't any right to count on your assistance. ...

CHUBUKOV: Oh, don't go round and round it, darling! Spit it out! Well?

LOMOV: One moment ... this very minute. The fact is, I've come to ask the hand of your daughter, Natalya Stepanovna, in marriage.

CHUBUKOV: [*Joyfully*] By Jove! Ivan Vassilevitch! Say it again--I didn't hear it all!

LOMOV: I have the honour to ask ...

CHUBUKOV: [*Interrupting*] My dear fellow ... I'm so glad, and so on. ... Yes, indeed, and all that sort of thing. [*Embraces and kisses LOMOV*] I've been hoping for it for a long time. It's been my continual desire. [*Sheds a tear*] And I've always loved you, my angel, as if you were my own son. May God give you both His help and His love and so on, and I did so much hope ... What am I behaving in this idiotic way for? I'm off my balance with joy, absolutely off my balance! Oh, with all my soul ... I'll go and call Natasha, and all that.

LOMOV: [*Greatly moved*] Honoured Stepan Stepanovitch, do you think I may count on her consent?

CHUBUKOV: Why, of course, my darling, and ... as if she won't consent! She's in love; egad, she's like a love-sick cat, and so on. ... Shan't be long! [*Exit.*]

LOMOV: It's cold ... I'm trembling all over, just as if I'd got an examination before me. The great thing is, I must have my mind made up. If I give myself time to think, to hesitate, to talk a lot, to look for an ideal, or for real love, then I'll never get married. ... Brr! ... It's cold! Natalya Stepanovna is an excellent housekeeper, not bad-looking, well-educated. ... What more do I want? But I'm getting a noise in my ears from excitement. [*Drinks*] And it's impossible for me not to marry. ... In the first place, I'm already 35--a critical age, so to speak. In the second place, I ought to lead a quiet and regular life. ... I suffer from palpitations, I'm excitable and always getting awfully upset. ... At this very moment my lips are trembling, and there's a twitch in my right eyebrow. ... But the very worst of all is the way I sleep. I no sooner get into bed and begin to go off when suddenly something in my left side gives a pull, and I can feel it in my shoulder and head. ... I jump up like a lunatic, walk about a bit, and lie down again, but as soon as I begin to get off to sleep there's another pull! And this may happen twenty times. ...

[*NATALYA STEPANOVNA comes in.*]

NATALYA STEPANOVNA: Well, there! It's you, and papa said, "Go; there's a merchant come for his goods." How do you do, Ivan Vassilevitch!

LOMOV: How do you do, honoured Natalya Stepanovna?

NATALYA STEPANOVNA: You must excuse my apron and néligé ... we're shelling peas for drying. Why haven't you been here for such a long time? Sit down. [*They seat themselves*] Won't you have some lunch?

LOMOV: No, thank you, I've had some already.

NATALYA STEPANOVNA: Then smoke. ... Here are the matches.

... The weather is splendid now, but yesterday it was so wet that the workmen didn't do anything all day. How much hay have you stacked? Just think, I felt greedy and had a whole field cut, and now I'm not at all pleased about it because I'm afraid my hay may rot. I ought to have waited a bit. But what's this? Why, you're in evening dress! Well, I never! Are you going to a ball, or what?--though I must say you look better. Tell me, why are you got up like that?

LOMOV: [*Excited*] You see, honoured Natalya Stepanovna ... the fact is, I've made up my mind to ask you to hear me out. ... Of course you'll be surprised and perhaps even angry, but a ... [*Aside*] It's awfully cold!

NATALYA STEPANOVNA: What's the matter? [*Pause*] Well?

LOMOV: I shall try to be brief. You must know, honoured Natalya Stepanovna, that I have long, since my childhood, in fact, had the privilege of knowing your family. My late aunt and her husband, from whom, as you know, I inherited my land, always had the greatest respect for your father and your late mother. The Lomovs and the Chubukovs have always had the most friendly, and I might almost say the most affectionate, regard for each other. And, as you know, my land is a near neighbour of yours. You will remember that my Oxen Meadows touch your birchwoods.

NATALYA STEPANOVNA: Excuse my interrupting you. You say, "my Oxen Meadows. ..." But are they yours?

LOMOV: Yes, mine.

NATALYA STEPANOVNA: What are you talking about? Oxen

Meadows are ours, not yours!

LOMOV: No, mine, honoured Natalya Stepanovna.

NATALYA STEPANOVNA: Well, I never knew that before. How do you make that out?

LOMOV: How? I'm speaking of those Oxen Meadows which are wedged in between your birchwoods and the Burnt Marsh.

NATALYA STEPANOVNA: Yes, yes. ... They're ours.

LOMOV: No, you're mistaken, honoured Natalya Stepanovna, they're mine.

NATALYA STEPANOVNA: Just think, Ivan Vassilevitch! How long have they been yours?

LOMOV: How long? As long as I can remember.

NATALYA STEPANOVNA: Really, you won't get me to believe that!

LOMOV: But you can see from the documents, honoured Natalya Stepanovna. Oxen Meadows, it's true, were once the subject of dispute, but now everybody knows that they are mine. There's nothing to argue about. You see, my aunt's grandmother gave the free use of these Meadows in perpetuity to the peasants of your father's grandfather, in return for which they were to make bricks for her. The peasants belonging to your father's grandfather had the free use of the Meadows for forty years, and had got into the habit of regarding them as their own, when it happened that ...

NATALYA STEPANOVNA: No, it isn't at all like that! Both my grandfather and great-grandfather reckoned that their land extended to Burnt Marsh--which means that Oxen Meadows were ours. I don't see what there is to argue about. It's simply silly!

LOMOV: I'll show you the documents, Natalya Stepanovna!

NATALYA STEPANOVNA: No, you're simply joking, or making fun of me. ... What a surprise! We've had the land for nearly three hundred years, and then we're suddenly told that it isn't ours! Ivan Vassilevitch, I can hardly believe my own ears. ... These Meadows aren't worth much to me. They only come to five dessiatins[3], and are worth perhaps 300 roubles[4], but I can't stand unfairness. Say what you will, but I can't stand unfairness.

LOMOV: Hear me out, I implore you! The peasants of your father's grandfather, as I have already had the honour of explaining to you, used to bake bricks for my aunt's grandmother. Now my aunt's grandmother, wishing to make them a pleasant ...

NATALYA STEPANOVNA: I can't make head or tail of all this about aunts and grandfathers and grandmothers! The Meadows are ours, and that's all.

LOMOV: Mine

NATALYA STEPANOVNA: Ours! You can go on proving it for two days on end, you can go and put on fifteen dress-jackets, but I tell you they're ours, ours, ours! I don't want anything of yours and I don't want to give up anything of mine. So there!

---

3) 13,5 acres

4) 30 pounds

LOMOV: Natalya Ivanovna, I don't want the Meadows, but I am acting on principle. If you like, I'll make you a present of them.

NATALYA STEPANOVNA: I can make you a present of them myself, because they're mine! Your behaviour, Ivan Vassilevitch, is strange, to say the least! Up to this we have always thought of you as a good neighbour, a friend: last year we lent you our threshing-machine, although on that account we had to put off our own threshing till November, but you behave to us as if we were gipsies. Giving me my own land, indeed! No, really, that's not at all neighbourly! In my opinion, it's even impudent, if you want to know....

LOMOV: Then you make out that I'm a land-grabber? Madam, never in my life have I grabbed anybody else's land, and I shan't allow anybody to accuse me of having done so. ... [*Quickly steps to the carafe and drinks more water*] Oxen Meadows are mine!

NATALYA STEPANOVNA: It's not true, they're ours!

LOMOV: Mine!

NATALYA STEPANOVNA: It's not true! I'll prove it! I'll send my mowers out to the Meadows this very day!

LOMOV: What?

NATALYA STEPANOVNA: My mowers will be there this very day!

LOMOV: I'll give it to them in the neck!

NATALYA STEPANOVNA: You dare!

LOMOV: [*Clutches at his heart*] Oxen Meadows are mine! You

understand? Mine!

NATALYA STEPANOVNA: Please don't shout! You can shout yourself hoarse in your own house, but here I must ask you to restrain yourself!

LOMOV: If it wasn't, madam, for this awful, excruciating palpitation, if my whole inside wasn't upset, I'd talk to you in a different way! [*Yells*] Oxen Meadows are mine!

NATALYA STEPANOVNA: Ours!

LOMOV: Mine!

NATALYA STEPANOVNA: Ours!

LOMOV: Mine!

[*Enter CHUBUKOV.*]

CHUBUKOV: What's the matter? What are you shouting at?

NATALYA STEPANOVNA: Papa, please tell to this gentleman who owns Oxen Meadows, we or he?

CHUBUKOV: [*To LOMOV*] Darling, the Meadows are ours!

LOMOV: But, please, Stepan Stepanitch, how can they be yours? Do be a reasonable man! My aunt's grandmother gave the Meadows for the temporary and free use of your grandfather's peasants. The peasants used the land for forty years and got as accustomed to it as if it was their own, when it happened that ...

CHUBUKOV: Excuse me, my precious. ... You forget just this, that the peasants didn't pay your grandmother and all that, because the Meadows were in dispute, and so on. And now everybody knows that they're ours. It means that you haven't seen the plan.

LOMOV: I'll prove to you that they're mine!

CHUBUKOV: You won't prove it, my darling.

LOMOV: I shall!

CHUBUKOV: Dear one, why yell like that? You won't .prove anything just by yelling. I don't want anything of yours, and don't intend to give up what I have. Why should I? And you know, my beloved, that if you propose to go on arguing about it, I'd much sooner give up the meadows to the peasants than to you. There!

LOMOV: I don't understand! How have you the right to give away somebody else's property?

CHUBUKOV: You may take it that I know whether I have the right or not. Because, young man, I'm not used to being spoken to in that tone of voice, and so on: I, young man, am twice your age, and ask you to speak to me without agitating yourself, and all that.

LOMOV: No, you just think I'm a fool and want to have me on! You call my land yours, and then you want me to talk to you calmly and politely! Good neighbours don't behave like that, Stepan Stepanitch! You're not a neighbour, you're a grabber!

CHUBUKOV: What's that? What did you say?

NATALYA STEPANOVNA: Papa, send the mowers out to the Meadows at once!

CHUBUKOV: What did you say, sir?

NATALYA STEPANOVNA: Oxen Meadows are ours, and I

shan't give them up, shan't give them up, shan't give them up!

LOMOV: We'll see! I'll have the matter taken to court, and then I'll show you!

CHUBUKOV: To court? You can take it to court, and all that! You can! I know you; you're just on the look-out for a chance to go to court, and all that. ... You pettifogger! All your people were like that! All of them!

LOMOV: Never mind about my people! The Lomovs have all been honourable people, and not one has ever been tried for embezzlement, like your grandfather!

CHUBUKOV: You Lomovs have had lunacy in your family, all of you!

NATALYA STEPANOVNA: All, all, all!

CHUBUKOV: Your grandfather was a drunkard, and your younger aunt, Nastasya Mihailovna, ran away with an architect, and so on.

LOMOV: And your mother was hump-backed. [*Clutches at his heart*] Something pulling in my side. ... My head. ... Help! Water!

CHUBUKOV: Your father was a guzzling gambler!

NATALYA STEPANOVNA: And there haven't been many backbiters to equal your aunt!

LOMOV: My left foot has gone to sleep. ... You're an intriguer. ... Oh, my heart! ... And it's an open secret that before the last elections you bri ... I can see stars. ... Where's my hat?

NATALYA STEPANOVNA: It's low! It's dishonest! It's mean!

CHUBUKOV: And you're just a malicious, double-faced intriguer!

Yes!

LOMOV: Here's my hat. ... My heart! ... Which way? Where's the door? Oh! ... I think I'm dying. ... My foot's quite numb. ...

[*Goes to the door.*]

CHUBUKOV: [*Following him*] And don't set foot in my house again!

NATALYA STEPANOVNA: Take it to court! We'll see!

[*LOMOV staggers out.*]

CHUBUKOV: Devil take him! [*Walks about in excitement.*]

NATALYA STEPANOVNA: What a rascal! What trust can one have in one's neighbours after that!

CHUBUKOV: The villain! The scarecrow!

NATALYA STEPANOVNA: The monster! First he takes our land and then he has the impudence to abuse us.

CHUBUKOV: And that blind hen, yes, that turnip-ghost has the confounded cheek to make a proposal, and so on! What? A proposal!

NATALYA STEPANOVNA: What proposal?

CHUBUKOV: Why, he came here so as to propose to you.

NATALYA STEPANOVNA: To propose? To me? Why didn't you tell me so before?

CHUBUKOV: So he dresses up in evening clothes. The stuffed sausage! The wizen-faced frump!

NATALYA STEPANOVNA: To propose to me? Ah! [*Falls into an easy-chair and wails*] Bring him back! Back! Ah! Bring him here.

CHUBUKOV: Bring whom here?

NATALYA STEPANOVNA: Quick, quick! I'm ill! Fetch him! [*Hysterics.*]

CHUBUKOV: What's that? What's the matter with you? [*Clutches at his head*] Oh, unhappy man that I am! I'll shoot myself! I'll hang myself! We've done for her!

NATALYA STEPANOVNA: I'm dying! Fetch him!

CHUBUKOV: Tfoo! At once. Don't yell!

[*Runs out. A pause. NATALYA STEPANOVNA wails.*]

NATALYA STEPANOVNA. What have they done to me! Fetch him back! Fetch him! [*A pause.*]

[*CHUBUKOV runs in.*]

CHUBUKOV: He's coming, and so on, devil take him! Ouf! Talk to him yourself; I don't want to. ...

NATALYA STEPANOVNA: [*Wails*] Fetch him!

CHUBUKOV: [*Yells*] He's coming, I tell you. Oh, what a burden, Lord, to be the father of a grown-up daughter! I'll cut my throat! I will, indeed! We cursed him, abused him, drove him out, and it's all you ... you!

NATALYA STEPANOVNA: No, it was you!

CHUBUKOV: I tell you it's not my fault. [*LOMOV appears at the door*] Now you talk to him yourself [*Exit.*]

[*LOMOV enters, exhausted.*]

LOMOV: My heart's palpitating awfully. ... My foot's gone to sleep. ... There's something keeps pulling in my side.

NATALYA STEPANOVNA: Forgive us, Ivan Vassilevitch, we were all a little heated. ... I remember now: Oxen Meadows really are yours.

LOMOV: My heart's beating awfully. ... My Meadows. ... My eyebrows are both twitching. ...

NATALYA STEPANOVNA: The Meadows are yours, yes, yours. ... Do sit down. ... [*They sit*] We were wrong. ...

LOMOV: I did it on principle. ... My land is worth little to me, but the principle ...

NATALYA STEPANOVNA: Yes, the principle, just so. ... Now let's talk of something else.

LOMOV: The more so as I have evidence. My aunt's grandmother gave the land to your father's grandfather's peasants ...

NATALYA STEPANOVNA: Yes, yes, let that pass. ... [*Aside*] I wish I knew how to get him started. ... [*Aloud*] Are you going to start shooting soon?

LOMOV: I'm thinking of having a go at the blackcock, honoured Natalya Stepanovna, after the harvest. Oh, have you heard? Just think, what a misfortune I've had! My dog Guess, whom you know, has gone lame.

NATALYA STEPANOVNA: What a pity! Why?

LOMOV: I don't know. ... Must have got twisted, or bitten by some other dog. ... [*Sighs*] My very best dog, to say nothing of the expense. I gave Mironov 125 roubles for him.

NATALYA STEPANOVNA: It was too much, Ivan Vassilevitch.

LOMOV: I think it was very cheap. He's a first-rate dog.

NATALYA STEPANOVNA: Papa gave 85 roubles for his Squeezer, and Squeezer is heaps better than Guess!

LOMOV: Squeezer better than. Guess? What an idea! [*Laughs*] Squeezer better than Guess!

NATALYA STEPANOVNA: Of course he's better! Of course, Squeezer is young, he may develop a bit, but on points and pedigree he's better than anything that even Volchanetsky has got.

LOMOV. Excuse me, Natalya Stepanovna, but you forget that he is overshot, and an overshot always means the dog is a bad hunter!

NATALYA STEPANOVNA: Overshot, is he? The first time I hear it!

LOMOV: I assure you that his lower jaw is shorter than the upper.

NATALYA STEPANOVNA: Have you measured?

LOMOV: Yes. He's all right at following, of course, but if you want him to get hold of anything ...

NATALYA STEPANOVNA: In the first place, our Squeezer is a thoroughbred animal, the son of Harness and Chisels, while there's no getting at the pedigree of your dog at all. ... He's old and as ugly as a worn-out cab-horse.

LOMOV: He is old, but I wouldn't take five Squeezers for him. ... Why, how can you? ... Guess is a dog; as for Squeezer, well, it's too funny to argue. ... Anybody you like has a dog as good as Squeezer ... you may find them under every bush almost. Twenty-five roubles would be a handsome price to pay for him.

NATALYA STEPANOVNA: There's some demon of contradiction in you today, Ivan Vassilevitch. First you pretend that the Meadows are yours; now, that Guess is better than Squeezer. I don't like people who don't say what they mean, because you know perfectly well that Squeezer is a hundred times better than your silly Guess. Why do you want to say it isn't?

LOMOV: I see, Natalya Stepanovna, that you consider me either blind or a fool. You must realize that Squeezer is overshot!

NATALYA STEPANOVNA: It's not true.

LOMOV: He is!

NATALYA STEPANOVNA: It's not true!

LOMOV: Why shout, madam?

NATALYA STEPANOVNA: Why talk rot? It's awful! It's time your Guess was shot, and you compare him with Squeezer!

LOMOV: Excuse me; I cannot continue this discussion: my heart is palpitating.

NATALYA STEPANOVNA: I've noticed that those hunters argue most who know least.

LOMOV: Madam, please be silent. ... My heart is going to pieces. ... [*Shouts*] Shut up!

NATALYA STEPANOVNA: I shan't shut up until you

acknowledge that Squeezer is a hundred times better than your Guess!

LOMOV: A hundred times worse! Be hanged to your Squeezer! His head ... eyes ... shoulder ...

NATALYA STEPANOVNA: There's no need to hang your silly Guess; he's half-dead already!

LOMOV: [*Weeps*] Shut up! My heart's bursting!

NATALYA STEPANOVNA: I shan't shut up.

[*Enter CHUBUKOV.*]

CHUBUKOV: What's the matter now?

NATALYA STEPANOVNA: Papa, tell us truly, which is the better dog, our Squeezer or his Guess.

LOMOV: Stepan Stepanovitch, I implore you to tell me just one thing: is your Squeezer overshot or not? Yes or no?

CHUBUKOV: And suppose he is? What does it matter? He's the best dog in the district for all that, and so on.

LOMOV: But isn't my Guess better? Really, now?

CHUBUKOV: Don't excite yourself, my precious one. ... Allow me. ... Your Guess certainly has his good points. ... He's pure-bred, firm on his feet, has well-sprung ribs, and all that. But, my dear man, if you want to know the truth, that dog has two defects: he's old and he's short in the muzzle.

LOMOV: Excuse me, my heart. ... Let's take the facts. ... You will remember that on the Marusinsky hunt my Guess ran neck-and-neck with the Count's dog, while your Squeezer was left a whole verst behind.

CHUBUKOV: He got left behind because the Count's whipper-in hit him with his whip.

LOMOV: And with good reason. The dogs are running after a fox, when Squeezer goes and starts worrying a sheep!

CHUBUKOV: It's not true! ... My dear fellow, I'm very liable to lose my temper, and so, just because of that, let's stop arguing. You started because everybody is always jealous of everybody else's dogs. Yes, we're all like that! You too, sir, aren't blameless! You no sooner notice that some dog is better than your Guess than you begin with this, that ... and the other ... and all that. ... I remember everything!

LOMOV: I remember too!

CHUBUKOV: [*Teasing him*] I remember, too. ... What do you remember?

LOMOV: My heart ... my foot's gone to sleep. ... I can't ...

NATALYA STEPANOVNA: [*Teasing*] My heart. ... What sort of a hunter are you? You ought to go and lie on the kitchen oven and catch blackbeetles, not go after foxes! My heart!

CHUBUKOV: Yes really, what sort of a hunter are you, anyway? You ought to sit at home with your palpitations, and not go tracking animals. You could go hunting, but you only go to argue with people and interfere with their dogs and so on. Let's change the subject in case I lose my temper. You're not a hunter at all, anyway!

LOMOV: And are you a hunter? You only go hunting to get in with the Count and to intrigue. ... Oh, my heart! ... You're an intriguer!

CHUBUKOV: What? I an intriguer? [*Shouts*] Shut up!

LOMOV: Intriguer!

CHUBUKOV: Boy! Pup!

LOMOV: Old rat! Jesuit!

CHUBUKOV: Shut up or I'll shoot you like a partridge! You fool!

LOMOV: Everybody knows that--oh my heart!--your late wife used to beat you. ... My feet ... temples ... sparks. ... I fall, I fall!

CHUBUKOV: And you're under the slipper of your housekeeper!

LOMOV: There, there, there ... my heart's burst! My shoulder's come off. ... Where is my shoulder? I die. [*Falls into an armchair*] A doctor! [Faints.]

CHUBUKOV: Boy! Milksop! Fool! I'm sick! [*Drinks water*] Sick!

NATALYA STEPANOVNA: What sort of a hunter are you? You can't even sit on a horse! [*To her father*] Papa, what's the matter with him? Papa! Look, papa! [*Screams*] Ivan Vassilevitch! He's dead!

CHUBUKOV: I'm sick! ... I can't breathe! ... Air!

NATALYA STEPANOVNA: He's dead. [*Pulls LOMOV'S sleeve*] Ivan Vassilevitch! Ivan Vassilevitch! What have you done to me? He's dead. [*Falls into an armchair*] A doctor, a doctor! [*Hysterics.*]

CHUBUKOV: Oh! ... What is it? What's the matter?

NATALYA STEPANOVNA: [*Wails*] He's dead ... dead!

CHUBUKOV: Who's dead? [*Looks at LOMOV*] So he is! My word! Water! A doctor! [*Lifts a tumbler to LOMOV'S mouth*]

Drink this! ... No, he doesn't drink. ... It means he's dead, and all that. ... I'm the most unhappy of men! Why don't I put a bullet into my brain? Why haven't I cut my throat yet? What am I waiting for? Give me a knife! Give me a pistol! [*LOMOV moves*] He seems to be coming round. ... Drink some water! That's right. ...

LOMOV: I see stars ... mist. ... Where am I?

CHUBUKOV: Hurry up and get married and--well, to the devil with you! She's willing! [*He puts LOMOV'S hand into his daughter's*] She's willing and all that. I give you my blessing and so on. Only leave me in peace!

LOMOV: [*Getting up*] Eh? What? To whom?

CHUBUKOV: She's willing! Well? Kiss and be damned to you!

NATALYA STEPANOVNA: [*Wails*] He's alive. . . Yes, yes, I'm willing. ...

CHUBUKOV: Kiss each other!

LOMOV: Eh? Kiss whom? [*They kiss*] Very nice, too. Excuse me, what's it all about? Oh, now I understand ... my heart ... stars ... I'm happy. Natalya Stepanovna. ... [*Kisses her hand*] My foot's gone to sleep. ...

NATALYA STEPANOVNA: I ... I'm happy too. ...

CHUBUKOV: What a weight off my shoulders. ... Ouf!

NATALYA STEPANOVNA: But ... still you will admit now that Guess is worse than Squeezer.

LOMOV: Better!

NATALYA STEPANOVNA: Worse!

CHUBUKOV: Well, that's a way to start your family bliss! Have some champagne!

LOMOV: He's better!

NATALYA STEPANOVNA: Worse! worse! worse!

CHUBUKOV: [*Trying to shout her down*] Champagne! Champagne!

CURTAIN